Ética em diálogo

Ética em diálogo

Dom Walmor
Oliveira de Azevedo

Dados Internacionais de Catalogação na Publicação (CIP)
(Câmara Brasileira do Livro, SP, Brasil)

Azevedo, Walmor Oliveira de
  Ética em diálogo / Walmor Oliveira de Azevedo. – São Paulo : Paulinas, 2012.

  ISBN 978-85-356-3212-5

  1. Ética 2. Moral I. Título.

12-06153   CDD-170

Índice para catálogo sistemático:
1. Ética   170

1ª edição – 2012

Direção-geral: *Bernadete Boff*
Editora responsável: *Vera Ivanise Bombonatto*
Copidesque: *Mônica Elaine G. S. da Costa*
Coordenação de revisão: *Marina Mendonça*
Revisão: *Ruth Mitzuie Kluska*
Assistente de arte: *Ana Karina Rodrigues Caetano*
Gerente de produção: *Felício Calegaro Neto*
Projeto gráfico: *Manuel Rebelato Miramontes*

Nenhuma parte desta obra poderá ser reproduzida ou transmitida por qualquer forma e/ou quaisquer meios (eletrônico ou mecânico, incluindo fotocópia e gravação) ou arquivada em qualquer sistema ou banco de dados sem permissão escrita da Editora. Direitos reservados.

Paulinas
Rua Dona Inácia Uchoa, 62
04110-020 – São Paulo – SP (Brasil)
Tel.: (11) 2125-3500
http://www.paulinas.org.br – editora@paulinas.com.br
Telemarketing e SAC: 0800-7010081
© Pia Sociedade Filhas de São Paulo – São Paulo, 2012

Sumário

Apresentação 7
Ética e academia.. 10
Ética e administração.. 13
Ética e autoridade moral 16
Ética e cidadania 19
Ética e ciências da religião.. 22
Ética e colegialidade 25
Ética e compreensão 28
Ética e comunicação social... 31
Ética e consciência.. 34
Ética e controle.. 37
Ética e conversão 40
Ética e cooperação 43
Ética e corporeidade... 46
Ética e cultura 49
Ética e delinquência 52
Ética e desafios normativos 55
Ética e dinheiro 58

Ética e eleições 61
Ética e ensinamento 64
Ética e espiritualidade 67
Ética e comportamento 70
Ética e humildade 73
Ética e interpretação 77
Ética e liberdade de imprensa 80
Ética e liderança 83
Ética e loteamento 86
Ética e martírio 89
Ética e mentira 92
Ética e morte 95
Ética e natal 98
Ética e norma 101
Ética e oligarquia 104
Ética e paz 107
Ética e perdão 110
Ética e poder 113
Ética e raízes 116
Ética e reforma 119
Ética e responsabilidade 122
Ética e rito 125
Ética e sentido hierárquico 128
Ética e solidariedade 131
Ética e testemunho 134
Ética e universidade 137
Ética e vida 140
Ética, relacionamento e alteridade 144
Ética, patriotismo e exclusão 147

Apresentação

Quando a ética ganha forma de vida

Acolhi o honroso convite de Dom Walmor Oliveira de Azevedo, Arcebispo Metropolitano de Belo Horizonte, irmão na aventura do episcopado e amigo na alegria de servir, para apresentar o livro de sua autoria: *Ética em diálogo*.

A ética é, hoje, um dos assuntos mais debatidos por vários segmentos da sociedade e uma das matérias mais estudadas por especialistas de diversas áreas do conhecimento. A emergência do tema ética se deve à carência de ética aplicada às ações e relações estabelecidas entre as pessoas em todos os campos da vida humana. O problema é gritante em qualquer situação em que se constata a falta de ética. Clama aos céus quando a falta de ética é sentida nas práticas daqueles que, por ofício, deveriam ser os defensores deste princípio de vida: formadores de opinião, pessoas públicas, responsáveis pelo desenvolvimento social, político, econômico, cultural e religioso da sociedade contemporânea.

A assunção das discussões éticas é devida não só à problemática nelas implicadas, mas também ao fascínio que a ética gera nas pessoas. Encontrar uma pessoa reconhecidamente ética – o que deveria ser regra e exatamente por não ser – causa admiração, elogio, conforto humano.

Ética em diálogo é interessante e dinâmico porque, por este livro, se faz uma espécie de visitação a vários setores da vida, da academia à vida política e econômica, de virtudes pessoais a valores universais, da espiritualidade à presença pública e cidadã, da cultura às mudanças culturais, da morte à vida. São quarenta e seis títulos sempre iniciados assim: Ética e... A ética se coloca em diálogo com todos, em toda situação, para em cada capítulo expor um problema e apontar uma solução.

Este entrelaçamento dialógico da ética com a multiplicidade de situações existenciais pessoais e coletivas, apresentado por Dom Walmor com maestria, nos conduz a duas conclusões inevitáveis e intrinsecamente inseparáveis: é preciso infundir, insuflar, incutir a ética como princípio; a ética como princípio, por sua vez, só tem significado se ganha forma de vida.

Como princípio, a ética é o momento primeiro da ação humana, é a raiz, o preceito, algo que se apresenta como fundamento, em cima do qual se firmam a convivência e o desenvolvimento humano. Quando esse princípio é aplicado e ganha as nuances da vida como ela é em cada contexto, a ética se corporifica em ações vitais de solidariedade, presença libertadora, defesa da verdade, convivência pacificadora, justiça e paz, abertura para Aquele que nos transcende.

É grandioso o esforço do autor para dizer que a ética é o princípio norteador e, como tal, necessita "enformar-se" na prática da vida, materializar-se na existência, visibilizar-se nas ações das pessoas sem ter que se demonstrar nem explicar. A ética precisa ser palpável e não contestada; ela está ao alcance de todos. A ética tem força em si mesma. Mas quando ela é referenciada na Palavra de Deus, especialmente em Jesus Cristo, ganha força espiritual. Por isso podemos afirmar que uma pessoa ética é uma pessoa de força espiritual. O contrário também é verdadeiro: as pessoas não éticas – no Brasil e no mundo elas estão por toda parte, desde os lugares mais escondidos aos mais públicos, onde frequentemente se organizam – também são "desespiritualizadas", sem *anima* para o bem, sem Deus, ainda que tenham práticas religiosas, por conveniência.

Este é um livro de esperança porque vislumbra a possibilidade real de as pessoas e o mundo serem, decididamente, interpenetrados pela ética; se não todas, as pessoas éticas farão a diferença do mundo e ao redor delas criar-se-ão movimentos contagiantes, como as ondas em círculo que se formam e se abrem quando algo toca a água de um grande lago, movimentando-o por inteiro.

Em nome dos leitores: agradecido pela esperança alentada.

Dom Joaquim Giovani Mol Guimarães.
Bispo Auxiliar da Arquidiocese de Belo Horizonte
Reitor da Pontifícia Universidade Católica de Minas Gerais

Ética e academia

Há quase um cinquentenário, "do coração da Igreja", em Belo Horizonte, nasceu o dom de uma academia. Seu útero de gestação é o Evangelho. A inspiração e a audácia no pensamento de sua criação encontraram na fidelidade dos seus pastores a coragem de dar os passos. Em meados do século XX, a Igreja voltava a buscar, no seu próprio coração, os caminhos já trilhados, por tradição, noutros tempos e noutros lugares, para contribuir significativamente no mundo da educação e na produção da cultura. A cultura sempre foi o lugar comum do anúncio e da vivência do cristianismo. Então, o sonho foi se tornando realidade, a realidade foi ganhando proporções maiores, e outros, muitos outros, alargaram-na, em tudo e em direções diferentes. Os limites da academia triplicaram, permitindo nela incluir uma grande família, mesmo com os desafios da pluralidade e da diferença. Essa é uma característica muito própria de sua identidade, da identidade católica que possibilita contracenar, na unidade, a diferença.

Por isso, a mensagem e a pessoa de Jesus Cristo são a sua inspiração. Também, por isso, há um compromisso de fidelidade à Igreja Católica depositária desse tesouro do Evangelho. Tais são os valores que inspiram a academia prosseguir e muito avançar em diferentes ramos do conhecimento, consagrando-se à evangelização e à formação integral dos seus membros. É incontestável a clareza com que a reserva ética do Evangelho se constitui como o substrato para a existência da academia, definindo-a e comprometendo-a com a qualidade dos serviços que presta à sociedade.

Toda academia nasce sob o signo de um serviço a ser prestado, atendendo a demandas e exigências da cultura, da sociedade e da formação integral. Esse serviço, particularmente quando inspirado pelo Evangelho de Jesus Cristo, terá sempre o compromisso da promoção da dignidade transcendente da pessoa; fomentará o aumento e o respeito à cultura; e será a escola, por excelência, de aprendizagem da ética da solidariedade. Guardiã da reserva ética insubstituível da academia, a Igreja preza e respeita a autonomia do seu funcionamento. Autonomia entendida como balizamento legal e jurídico que nasce do coração da própria reserva ética. Para garantir a justiça e localizar-se adequadamente no contexto da sociedade em que funciona, a autonomia é mais do que uma simples normatividade. Faz-se necessária, pois é pedagógica e guarda garantias que rebatem de pronto toda imposição ou autoritarismo. Ao mesmo tempo, essa configuração das normas confere, pela força e argumentação que vêm da própria reserva ética geradora da academia, o direito franqueado à guardiã de um exercício de autoridade que possa garantir-lhe a referida e imprescindível fidelidade à mesma reserva ética.

Há, então, uma função pastoral para a guardiã, porquanto pastoral se refere ao cuidado, cuidado especial com a reserva ética. Essa fonte permanente das normas conduz a academia, com autonomia e justiça, porque tem um *status* de soberana. Uma soberania que não vem da própria norma, mas de sua fonte ética de reserva. Uma soberania que também não é nem mesmo propriedade de uma pessoa. Soberania que diz respeito ao sentido genuíno da reserva ética que garante a identidade e a missão da academia. Eis um campo em que jogos ideológicos e desestabilizadores não devem ganhar força nem ter em poder de influência, sob o risco de se perder o sentido de sua atuação.

A missão e identidade da academia, à luz de sua fonte inspiradora, pedem, nas relações acadêmicas e funcionais, e para além delas mesmas, "o clima de amor fraterno e solidariedade, de respeito recíproco e diálogo construtivo, com ideais compartilhados e tarefas planejadas, na responsabilidade e liberdade, tendo-se sempre em vista os objetivos institucionais", conforme rezam as diretrizes e normas para Universidades Católicas e Pontifícias. Tais normas também nascem da fidelidade ética devida.

A formação humana e doutrinal, ética e social delineará a proposta pedagógica de uma universidade nascida no coração da Igreja e movida pela inspiração do Evangelho. Sem excluir aqueles que têm convicção religiosa diferente da identidade católica, visando especialmente ao corpo discente, há de se ter a competência como meta da formação integral, nos setores específicos, de modo a garantir à sociedade um serviço qualificado, propiciando o surgimento de lideranças e testemunhas autênticas da cidadania e da fé professada, com força de transformação. O serviço e a transformação é que têm, em tudo, a primazia no seu funcionamento.

Ética e administração

Os diversificados cenários do cotidiano da vida mostram em desfile pessoas diferentes e revelam muitos de seus traços: vários deles são importantes, inúmeros são questionáveis e outros até polêmicos e intrigantes. Cada pessoa diz de si no quanto faz e, particularmente, no seu modo de agir, enquanto modo de ser e na medida dos efeitos e dos suportes dados para a vida de outros.

A ação de cada pessoa revela, por isso, a profundidade de sua compreensão e as raízes de suas motivações. Na verdade, cada pessoa se revela, pela importância dada ao outro, na proporção e no âmbito de seu modo de agir. Por isso, as pessoas se olham mutuamente. A cada uma afeta muito o modo de agir da outra. O agir de cada um contracena com o agir de outros, no tecido das relações interpessoais e das responsabilidades sociais inerentes à conduta de todos. Esse outro é o das próprias afinidades, mas é também aquele que foge ao território dos vínculos naturais, o que representa um desafio maior em razão da exigência sempre igual da consideração fraterna e cidadã devida a cada ser humano. Situa-se aqui uma esfera de valores éticos que devem presidir todo o processo das inter-relações e das responsabilidades sociais de cada um na sociedade. Os comprometimentos éticos nessa esfera o são também em outras esferas de ação.

Quando se trata de administração, seja pública seja de caráter privado, é imprescindível ter presente o quanto os parâmetros éticos devem emoldurar as ações daqueles atores com papel determinante e influente na vida de outros, em pequena ou em grande escala. A primazia de valores éticos, nos processos administrativos de toda ordem, é a garantia de superação de todo protecionismo injusto; a precaução para não se incorrer nos riscos do nepotismo; a prevenção contra as miragens que facilmente enchem de poder a quem não o possui. Enumerar os riscos da privação dos valores éticos nos processos e contextos administrativos, pequenos e grandes, é recitar uma interminável ladainha. Sua extensão explicita os ranços de pessoas e ambientes, focaliza feridas e engrenagens emperradas na cultura do atendimento de interesses e necessidades pessoais, grupais ou partidárias para além do sentido maior que se inscreve no ato nobre de administrar. O serviço à vida e o gosto pela promoção da dignidade de cada pessoa definem a nobreza e a meta de toda ação administrativa. Abre-se aí um campo fértil de gestão que deve ser avaliada com base na promoção da vida, na inclusão de novas pessoas e novas ideias, bem como na adoção de dinâmicas participativas e dialogais que venham sempre, na hora certa, corrigir procedimentos voltados para o individualismo de quem administra, em que pese alguma competência e até produtividade, para interesses particulares ou meros diletantismos funcionais.

O sentido ético de uma gestão verdadeira está na prestação de serviços sustentados sobre os pilares da promoção da dignidade da pessoa, da renovação cultural permanente da comunidade e da efetiva participação na construção de uma sociedade solidária. Essa compreensão carece ainda de ganhar lastro maior nos horizontes da antropologia que determina os rumos das ações administrativas de grupos e pessoas. Nesse sentido, é exemplar a leitura que o judaísmo elabora para si, passando também como herança para o cristianismo, nos três primeiros capítulos do Livro do Gênesis. Para além de questões literárias e redacionais, valem as perspectivas teológica e antropológica delineadas na triangulação Deus, Homem e Mundo. Nela se elabora, por uma linguagem simbólica, a riqueza de uma compreensão que da ação criadora de Deus vem a significação de toda ação humana. Assim, administrar deve encontrar na significação de criar, ato divino, e de servir, ato "criatural" da mais alta nobreza, a sua mais completa definição, por carregar exigências éticas ricas de ciência, compromisso e seriedade.

Em virtude das exigências que a ética nele insere, o ato de administrar supõe, para o seu exercício justo e louvável, uma alta qualificação humana e espiritual. É mais do que se sentar numa cadeira, ocupar uma mesa, funcionar num escritório e contar com um exército de gente a comandar, ou ganhar a simpatia e anuência interesseiras de muitos, ou ainda demonstrar eficiência.

Duas marcas são a garantia do processo de administração com qualidade e sentido social. A primeira marca é o compromisso social da administração exercida. Sua qualidade é a consideração da pessoa na sua globalidade: necessidades, direitos, razão de respeito e permanente exigência de inclusão. A outra é a mais importante e merecedora: trata-se da avaliação do sentimento que preside o coração do administrador. Jesus, em diálogo magistral, ensina esse segredo, numa indicação que vale para tempos breves ou longos de responsabilidades exercidas. Ele ensina que o critério da verdadeira administração como autêntico serviço está na capacidade de se poder dizer, depois de ter feito, muito ou pouco, rápida ou demoradamente, a este ou àquele, para além de qualquer vantagem ou méritos requeridos: "Somos simples servos, fizemos apenas o que deveríamos fazer" (Lc 17,10). Nesse dito reside um convite a se fazerem revisões profundas.

Ética e autoridade moral

O funcionamento de uma instituição, seja ela civil ou religiosa, depende da autoridade. O exercício da autoridade é a referência pendular para o sentido da instituição, para o seu adequado andamento e para a saúde do seu funcionamento, segundo sua identidade e as metas decorrentes de sua razão de ser. No âmago de toda conformação hierárquica institucional localiza-se, referencialmente, a autoridade. Essa tem importância capital para o bom andamento da instituição, porque tem uma propriedade constitutiva de regulagem e é o vetor para o andamento próprio e adequado dos processos institucionais. A fissura na conformação hierárquica e o comprometimento do exercício da autoridade põem em risco a instituição, gerando crises e negando identidades, com consequências sempre desastrosas para os seus membros ou para os destinatários dos seus serviços.

Isso posto, torna-se inadmissível pensar a retirada da compreensão hierárquica própria de toda instituição ou o obscurecimento do papel da autoridade. Qualquer postura ideológica que fira, por iconoclastia, essa consideração, estará cometendo uma insanidade. O preço é sempre muito alto, e os percursos de recuperação dos prejuízos, muito demorados. Há de se evocar, em pequena e grande escala, as graves consequências de tais posturas. Elas podem ser encontradas na história social e política de nações ou até mesmo no âmbito doméstico. Basta pensar nas situações familiares em que o pai não é nem sabe ser pai, a mãe tampouco assume seu papel, e ninguém se insere no andamento ritual articulado que define o que é ser uma família. Os resultados são nefastos: logo se instala a delinquência, que amarga a tantos.

Uma vez analisada a incontestável importância da autoridade no funcionamento institucional, para além da justificação e simples defesa de quem a exerce, em qualquer nível ou instância de uma instituição, é importante focalizar o desafio de seu exercício. Não basta estar onde se está, por escolha destes ou daqueles. Diariamente, do nascer ao pôr do sol, pesa o desafio da qualidade no exercício de toda autoridade. Essa qualidade passa longe do sentido simples do poder e da força política, como resultado de aglutinação ideológica, dos conchavos interesseiros ou mesmo de algum tipo de sedução pela força de benesses distribuídas e aceitas pelo descaramento, que não raro acomoda e contenta a tantos.

A qualificação do exercício da autoridade, incluindo os elementos indispensáveis da competência pessoal e dos carismas para aquela investidura, tem um caráter moral: há indicações precisas para a configuração de exercícios adequados da autoridade na responsabilidade grave que ela tem de prover, promover, sustentar e fazê-lo acontecer no âmbito do serviço prestado. O exercício da autoridade outra coisa não é senão um serviço. Considerada tal premissa, a importância passa a recair sobre os destinatários do serviço como qualidade constitutiva da moralidade do autêntico serviço prestado pelo exercício da autoridade. A partir daí, não se encontram explicações nem justificativas para certas ritualidades que estão mais centradas nos servidores do que nos destinatários dos seus serviços. Esse paradoxo tem causado muitos comprometimentos e imposto andamento lento a situações que demandam respostas urgentes, esvaziando identidades institucionais na sua missão.

Incontestáveis são, pois, o sentido, o alcance e a necessidade da autoridade moral, como força viva e permanente de renovação institucional, criando condições para que as respostas de cada tempo sejam dadas e as metas, atingidas. E, imperiosas, a necessidade e a premência de beber em fontes éticas, desafio a toda autoridade constituída, de qualquer instituição, para garantir ao seu exercício a confiabilidade e a força necessárias para avançar e a transparência para sustentá-lo.

Nesta altura, são variados e ricos os aspectos que podem ser abordados no exercício cotidiano, visando a uma atuação com autoridade moral. Autoridade moral que é sempre mais do que as justificativas de números, as conquistas políticas, a manutenção do *status quo* favorável aos próprios interesses. Vale ter presente e assumir como desafio a moralidade focada na dimensão pessoal interior. O que se constrói no coração, na consciência, com dignidade, fidelidade e disciplina, à luz de valores éticos, como os valores cristãos, tem força para modificar modelos históricos e políticos, transformar instituições e dar às relações interpessoais, em diferentes níveis, a qualidade que tem os traços da Paz almejada.

Ética e cidadania

A condição cidadã é um direito inalienável de todo homem e de toda mulher. Sua justificativa se enraíza na dignidade sacrossanta de cada pessoa, independentemente da raça, da língua e de qualquer outro fator. Esse princípio clama pelo direito de usufruto de todos os bens da criação de forma igualitária por todos, e garante a vivência resguardada por direitos e deveres constitutivos da cidadania.

Basta percorrer as ruas das cidades e verificar a infraestrutura comprometida de tantos lugares, observar as formas de relacionamento interpessoal e surpreender-se com a violência e com um venenoso indiferentismo tomando conta dos corações, ou atentar para as diferenças de *status* social e econômico vistas como "normais", para se constatar que a evolução socioeconômica da sociedade, com as conquistas tecnológicas, não tem dado conta de operar grandes e significativas mudanças para que cada um viva a real condição de sua dignidade. Isso é decepcionante, porque a grande maioria da população está abaixo da linha aceitável de pobreza, situação que causa vergonha e indignação a todos os que têm sentido autêntico de cidadania. Não é à toa que

São Vicente de Paulo, séculos atrás, memória celebrada na festa de 27 de setembro, identificava o justo sentimento do coração humano ao contemplar semelhante situação: vergonha. O apóstolo da caridade, mestre que infundiu na alma francesa do seu tempo o mais acurado sentido do social, dizia que "se deveria ter vergonha de si mesmo quando se encontrasse com um pobre, em condições não dignas da dignidade própria de sua condição humana", referindo-se àqueles que carregam o peso da exclusão e da marginalidade. E concluía afirmando que se existiam seres humanos em tais condições é porque a cidadania não era dignamente vivida pelos atores da sociedade. O parecer de São Vicente de Paulo tem força de atualidade e de interpelação.

Ainda que hoje se constatem progressos, conquistas e mudanças significativas na ordem socioeconômica, a situação persiste e revela a condição falimentar do tecido social. A falência não é uma questão apenas de números, mas de valores. O comprometimento é ético. A gravidade é incalculável. Perder valores é perder o sentido. Perder o sentido é enquadrar-se num sistema de total anomia, cujo resultado é a incapacidade de um ordenamento justo, com as terríveis consequências da perversidade e da falta de limites, que apadrinham todo tipo de violência e desrespeito. Esse processo se desenvolve a ponto de se chegar a barbáries, que não podem ser computadas só pela quantidade das vítimas. Na verdade, qualquer número é sempre um número grande, dada a importância de cada pessoa. E deixa sua marca indelével, como carimbo da incompetência humanística do momento atual, quando a morte de moradores de rua vai maculando com selo de atrocidade o rosto de uma sociedade que tem tudo para se pretender justa, fraterna e solidária, evidenciando a urgência de se encetar um caminho diferente.

Sendo verdade que o comprometimento é de caráter ético, também é verdade que a ética faz renascer, até mesmo das cinzas, a pessoa na sua dignidade, alimentando a possibilidade de diálogos, intercâmbios e edificações da vida.

A cidadania não se conta nem se garante pela simples legalidade de contextos ou pelo enquadramento normativo, necessário às sociedades para debelar seu ímpeto tirânico e sua força controladora. O suporte que dá consistência à cidadania é a ética, na sua força de exercício permanente de valores que estão para além da condição individual e podem domar qualquer tirania de desejo. Aqui se debate a sociedade atual, agonizante que está em tantos setores determinantes da vida. Aprofunda-se o fosso existente entre a cidadania exercida como fidelidade ética e a vergonhosa manipulação.

Não se está, contudo, no fim da linha. Existem saídas redentoras apontadas pela ética, com a retomada de valores e posturas honestas, transparentes e comprometidas. Reacende-se a esperança na possibilidade dessa retomada nos corações de boa vontade e no esforço disciplinar que a todos deve envolver. Sinal forte e convincente seria, por exemplo, um evento que englobasse um binômio, em si mesmo divergente, como "lixo e cidadania", envolvendo moradores de rua e catadores de papel na luta pela conquista da cidadania, para mostrar que a força criativa dos valores, presidindo relações e prioridades de governos, de organizações, de igrejas e de indivíduos, pode dar àqueles que estão colocados à margem o lugar cidadão, direito de todos.

Ética e Ciências da Religião

Quando se multiplicam os cursos de Ciências da Religião – em nível de graduação e pós-graduação – surgem sempre algumas perguntas. Por que estudar a religião? Que vantagens traz esse estudo? Há sentido em estudar a religião do ponto de vista das ciências? Afinal, que lucro pode advir desse estudo? Essas e outras perguntas revelam dúvidas, preconceitos ou pouco conhecimento a respeito da religião e do seu manancial, que guarda reservas de grande importância para saciar a sede de valores éticos imprescindíveis neste momento. Nesse manancial, incontestavelmente se encontram os meios para a superação de crises éticas que estão afetando e comprometendo a sociedade.

As dúvidas têm clara razão de ser quando se retoma a trajetória histórica da sociedade brasileira. Essa foi eminentemente marcada pelo positivismo, com seus valores e consequências, para além do conhecimento e da consciência do seu povo. Embora o povo brasileiro tenha muitas e ricas tradições religiosas, suas instituições e rumos, instâncias e concepções assimilaram do positivismo a desconsideração, por exemplo, do sentido e da importância fundamental da transcendência.

Isso porque o positivismo se atém a fatos ou realidades concretas, só acessíveis aos órgãos dos sentidos. Augusto Comte, filósofo que deu origem ao positivismo, compreendia-o como uma doutrina da ciência, sobretudo como uma doutrina acerca da sociedade. Um dos desdobramentos do positivismo, no século XX e na contemporaneidade, é a atenção exclusiva dada à significação empírica da afirmação da existência ou a terminante oposição à metafísica

Desde o século XIX, as ciências da religião constituem um campo de pesquisa de relevante importância, especialmente nos países da Europa. Na sociedade brasileira e no mundo de suas academias, sua existência é recente. Além de não terem se alastrado suficientemente, não têm contado com o devido investimento, fenômeno que se explica pelas razões resumidamente descritas acima. Deve-se, no entanto, noticiar que há mais de uma década, na Universidade Federal de Juiz de Fora, num percurso de altos e baixos, enfrentando contratempos e os preconceitos advindos dessas considerações filosóficas, nasceu um Curso de Ciências da Religião, hoje em nível de reconhecido doutorado – o primeiro daquela academia mantida pelo poder público federal. Há sinais de que um tempo com novos percursos está despontando.

No curso, uma abordagem multidisciplinar, a partir das várias ciências, preside o estudo das religiões e propicia o conhecimento profundo da essência do religioso e de sua presença no mundo. É inegável a sua importância para a edificação da vida em sociedade. A análise e a descrição do fenômeno religioso fornecem rumos para os necessários percursos na direção de uma compreensão mais ética da vida. Não são apenas os números e cálculos, ou os inteligentes gerenciamentos administrativos que garantirão o andamento novo que se sonha para a sociedade contemporânea. Acreditar nisso seria mera ilusão. Seria também um encastelamento infantil da compreensão e do enfrentamento das exigências que a incontestável dimensão religiosa do ser humano apresenta para se chegar a novas e esperadas respostas.

A retomada ética que a sociedade precisa fazer, para conseguir ser mais justa e solidária, tem o desafio de aprofundar-se no manancial da religião, superando preconceitos e desconhecimentos. Nesse manancial há de se reconhecerem os valores e ou indicações fundamentais que a sociedade procura incansavelmente. Por não conseguir encontrá-los, ela continua com seus desvarios e perversidades, revelados nas estatísticas vergonhosas que mostram sua condição social injusta ou sua incapacidade ética com a negociata de valores intocáveis.

Com a criação da pós-graduação em Ciências da Religião, a PUC Minas plantou mais uma pequena árvore, sob o olhar de muitos cientistas e interessados no assunto. Essa árvore se tornará frondosa, abrigando a muitos e a todos dando muitos frutos. Seus frutos, serviço imprescindível que toda academia séria deve prestar, vão marcar seu tempo novo e garantir a qualidade do seu serviço à vida.

Ética e colegialidade

A dinâmica da fé cristã continua depositária de uma oferta insuperável para a saída de crises institucionais e para correções imprescindíveis no âmbito do relacionamento humano. Trata-se de um ideário que elege a alteridade como princípio ético referencial. Ora, é muito fácil definir escolhas, prioridades e encaminhamentos baseados em princípios que por si não abrem o caminho novo que possibilita a superação dos entraves. Entre os muitos exemplos de defeitos de compreensão e definição de perspectivas, um está no âmbito do social, enquanto responsabilidade primeira do governo, levando-se em conta que o Estado existe para cuidar do bem de seus administrados. Mais especificamente, o nó da questão está no uso de recursos orçamentários: a utilização do recurso orçamentário com os mais pobres e necessitados é considerada um gasto; com as camadas mais abastadas, é considerada investimento. Talvez até haja razão nessas considerações, ao se levar em conta as carências e as lacunas na condição humana e social dos mais pobres. Na verdade, investimento é conquista do algo mais em relação ao que deve ser a condição básica de cidadania para todos e em todas as circunstâncias e aspectos. Pensando em tais considerações como norteadoras daqueles que têm o poder de decidir e assumem as responsabilidades de cuidar do bem comum, certamente o específico de cada uma delas fará diferença enorme, com incidências fortes na vida dos que precisam mais. O exemplo serve para sublinhar o quanto é importante revestir considerações e decisões com dinâmicas capazes de levar à superação de engessamentos ideológicos que facilitam favorecimentos e justificam tantos privilégios ou exclusões.

Esses mecanismos que fazem da sociedade um lugar de injustiças institucionalizadas ou de aproveitamento indevido de oportunidades, perpetuando situações de favorecimentos e dominações, precisam de uma proposta capaz de corrigi-los. Dificilmente esse tipo de proposta pode vir apenas do jogo ideológico de caráter partidário, que argumenta para justificar a não mudança de situações, a continuidade de processos organizacionais e a permanência de grupos e pessoas, impedindo as devidas e imprescindíveis renovações para as esperadas respostas sociais e políticas das diferentes instâncias e instituições que compõem o quadro da sociedade.

O cristianismo sempre contribuiu substantivamente na modificação de culturas, grupos e povos com a simplicidade de sua lógica paradoxal e contundente. Para este momento da história contemporânea, vale a pena pensar na retomada corretiva de um dos princípios que ele oferece: o da colegialidade. O vocábulo colegialidade nem sequer é reconhecido pelos programas usados no computador como apoio à produção de texto. Pode-se imaginar o peso de sua ausência como princípio norteador de processos e de atuação de pessoas no exercício de suas responsabilidades.

A colegialidade marca a alteridade, isto é, o outro, na sua importância de fala, escuta e participação, como elemento fundamental de processos e de funcionamentos. A autonomia de cada um é sempre vinculada à autonomia do outro. Evidencia-se imediatamente a exigência do diálogo como dinâmica que deve presidir qualquer processo relacional e particularmente os mecanismos de funcionamento de instâncias decisórias e de encaminhamentos. Esse é o outro lado dos autoritarismos e da incapacidade crônica de fazer inclusões de modo a compor processos com ampla participação na distribuição e exercício de responsabilidades e corresponsabilidades.

O princípio da colegialidade privilegia o outro, na medida em que se compreende que o outro é condição imprescindível para qualquer decisão ou encaminhamento, nas diferentes instâncias e no âmbito das diferentes responsabilidades. O outro a quem se precisa escutar; o outro destinatário do serviço que se presta; o outro como interlocutor na busca de uma verdade que ninguém possui por si nem totalmente. Isso significa compreender, com os devidos esclarecimentos a respeito de competências, de responsabilidades e funções, nos quadros diversos e diferentes instâncias, que o outro é a condição para uma atuação devida e adequada. O outro é, portanto, o balizamento ético indispensável a qualquer ação e a qualquer execução de processos, seja na vida particular, doméstica, seja na vida pública. Esse princípio, na dinâmica do cristianismo, nasce da referência central de sua identidade: a comunhão. A comunhão é o sagrado insubstituível capaz de curar os males das pretensões e cegueiras que facilmente medram no coração humano e dele tomam conta.

Ética e compreensão

Os estudos sobre ética têm despertado grande interesse no momento atual, o que faz com que muitos a considerem um simples modismo. Mas a ética é muito mais do que isso. O modismo é algo que passa. A moda pede, de tempos em tempos, algumas inevitáveis substituições ou novidades para superar mesmices ou evitar a monotonia. Verdade é que a moda também expressa algo que circula na compreensão e nas opções das pessoas, nos desejos e nas necessidades, influenciando hábitos e jeitos de ser. A ética, no entanto, não passa. Ela não pode passar, como a moda, porque isso significaria um grande fracasso para a sociedade e suas instituições. Por isso, o interesse atual pela ética é sinal de esperança na medida em que a sociedade se mobiliza por algo que não passa.

A mobilização por algo que tem perenidade é sinal de que está em processo, no interior da consciência social, política e cidadã, uma busca. Essa busca é reveladora da crescente consciência da necessidade de uma retomada de aspectos que foram perdidos e de perspectivas e valores importantes que estão colocados na sombra. Pode-se, assim, compreender as razões dos descompassos sociais que estão sacrificando o andamento e a construção de uma sociedade justa e solidária. Hoje, é clara a necessidade da reconstituição de relacionamentos, em todos os níveis, do estabelecimento de prioridades e de novos balizamentos para a superação de relativismos que têm trazido consequências muito sérias para a vida de todos. Não é possível admitir que cada pessoa aja de acordo com seus próprios interesses ou com interesses partidários. Só a ética cria as condições para a superação desses riscos.

Há, portanto, uma grande e geral preocupação com o funcionamento da sociedade e de suas instituições. Está em jogo o que preside a esse funcionamento e que tem levado ao obscurecimento de valores e de compromissos intocáveis, impedindo a sociedade de superar certos entraves. Os erros de estratégia e a parcialidade na escolha das prioridades se repetem. Os grupos e os partidos se movem em direções muito particularistas, até interesseiras, deixando à margem interesses de que a coletividade não pode abrir mão, bem como necessidades; aliás, elas são tantas! Pelas quais não se pode esperar longamente. As urgências não estão sendo tratadas com balizamentos éticos, na direção do dever e da necessidade de equacionar problemas básicos da vida de cada dia. A morosidade na solução de problemas e no encaminhamento de situações tem a ver com a falta de clareza. E esta só pode advir da ética

Por isso, é necessária uma compreensão cada vez mais clara da ética. Trata-se de um processo desafiador ante as suas riquezas inesgotáveis; um percurso que exige muito, pois a ética tem a ver com tudo o que diz respeito à vida. Sua riqueza desafia a inteligência, pedindo esforço de apropriar-se do que ainda não é óbvio, mas também desafia a conduta de toda pessoa e da comunidade. A ética não é apenas uma abordagem teórica. Ela baliza um processo de aprendizagem que deve reeducar toda pessoa à luz de valores e princípios dos quais não se pode abrir mão

O desafio vem da densidade da ética como fonte inesgotável. Por tratar-se de um discurso que articula muitas e ricas perspectivas, possibilita um pensamento múltiplo e iluminador em direções diversificadas. Hoje é necessário, como serviço à cidadania, construir um caminho que permita algumas conquistas importantes. Portanto, é preciso alimentar o interesse existente pela ética, não como moda, mas como consciência de uma necessidade; dar passos para que a compreensão teórica seja acessível a todos.

Não se pode incorrer no erro de pensar que a ética seja algo tão difícil que não deva fazer parte das preocupações de todos, a cada dia. É possível assumir o compromisso de cavar fundo nessa fonte inesgotável e repartir suas riquezas, de modo a fazer da abordagem da ética o lugar comum a todos, onde todos se encontram e que ninguém deixa de frequentar, consciente da necessidade que dela se tem, em tudo e por tudo.

Ética e comunicação social

A utilização corajosa, inteligente e fidedigna da comunicação social é uma das saídas necessárias para este momento da história da humanidade, em que a compreensão entre povos, entre pessoas, entre grupos e diferentes culturas está em questão. A compreensão é a questão de fundo para os encaminhamentos demandados e uma condição para o diálogo e a consequente cooperação envolvendo governantes, formadores de opinião e construtores da sociedade pluralista. A falta de uma adequada compreensão dos problemas e das demandas dos povos tem projetado no horizonte internacional uma nuvem de sombras.

O serviço da comunicação social é imprescindível para evitar o colapso do funcionamento da aldeia global. Quando se proporciona uma adequada compreensão no âmbito das culturas, das instituições e das diferentes nações é que se pode avançar na construção da paz. É necessário um consenso entre os povos que só a comunicação social, com os seus diferentes – e poderosos – meios, pode proporcionar e garantir. Ainda que seja, lamentavelmente, verdade que muitas vezes o enfoque dado pelos meios de comunicação é tão distorcido que chega a gerar uma compreensão inadequada, com escolhas catastróficas em nível pessoal e social. São incontáveis as vítimas de interpretações errôneas, parciais e perversas, decorrentes da manipulação desses meios.

A importância e a necessidade da comunicação se devem a seu poder de desencadear no destinatário reações de consentimento, dissentimento, dúvida ou neutralidade. Ela tem o poder de fomentar encontros ou desencontros, provocar desafio ou estimular a cooperação. Tudo isso porque o que era próprio de um indivíduo ou de um grupo ou cultura é levado ao conhecimento de outros, fundando e alimentando uma verdadeira rede de relações interpessoais. Não é sem razão que se afirma que a sociedade nasce da comunicação e vive da comunicação. Inigualável é sua força para criar os vínculos que sustentam as relações sociais, políticas, religiosas e familiares. Comunicação é, portanto, geração de vida. Daí a importância de se ter uma consciência clara da grande responsabilidade com o que se diz, por que se diz e como se diz aos outros.

O alcance e a importância da comunicação social dão a dimensão do horizonte ético que baliza e inspira sua postura e compromissos. O comunicador tem tarefas importantes, que incluem desde a sua capacidade de potencializar a idoneidade dos sinais até a imprescindível entrada, com trânsito fácil, pela mentalidade e linguagem dos seus destinatários. As implicações da profissão do comunicador desafiam-no a atingir um nível de persuasão alto, a finalidade última da comunicação. No centro dessa finalidade estão princípios importantes para que a comunicação se torne sempre serviço à vida: os requisitos éticos e morais para uma adequada qualificação desse serviço fundamental à humanidade.

Não se pode deixar de sublinhar o compromisso com a qualidade do conteúdo veiculado e a retidão das intenções na comunicação social.

Com sinceridade, de tal modo que a comunicação revele o modo de pensar do comunicador. A necessária honestidade tem o nome de profissionalismo e competência. É preciso fazer bem aquilo que se faz, seja qual for o âmbito de atuação profissional. No âmbito da comunicação, por seu alcance e importância, isso se torna fundamental e decisivo. Além da verdade dos fatos, é preciso trabalhar adequadamente com o sentido próprio de cada coisa. É esse sentido que tece a rede da compreensão. Nela residirá sempre a força de abertura de novos horizontes e a necessária remodelação da vida.

Uma aposta a serviço da compreensão entre os povos.

Ética e consciência

A questão da consciência é central na atualidade. Essa é uma preocupação que diz respeito aos contextos religiosos e desafia os contextos culturais, políticos e sociais, cujo andamento depende da consciência do indivíduo e da consciência comunitária.

Na abordagem dessa temática, devem-se incluir dimensões da mais alta importância, com influência sobre direções e rumos da sociedade, da vida dos indivíduos e das suas instituições. Por isso, é fundamental o que diz respeito à responsabilização e ao sentido de valor. Descurar tais perspectivas é correr o risco de subjetivismos danosos.

O desafio maior reside no âmbito do processo de formação da consciência. Ora, a consciência não pode ser entendida simplesmente como aplicação mecânica de princípios. Ela significa e inclui a capacidade dinâmica de respostas adequadas, segundo a verdade, nos diferentes contextos que configuram a vida. Assim, a consciência se constitui numa instrumentalidade própria, dinâmica, que permite dar ao poder de decisão de cada indivíduo a insubstituível capacidade de pôr-se na direção da verdade e de garantir uma fecunda e sólida fidelidade a ela.

O contexto atual, caracterizado pelo pluralismo ideológico e pelos fluxos e refluxos das dinâmicas democráticas, desafia a temática da consciência na medida em que desencadeia um processo de relativização que pode levar a comprometimentos irreversíveis de comportamento. O desafio é maior quando se pensa na rapidez das mudanças que estão acontecendo e na complexidade das coisas. Nessa rapidez, muitos valores se perdem ou são drasticamente minimizados. A situação é mais grave quando se refere aos processos de formação da consciência. A rapidez das mudanças e transformações, em todos os âmbitos, com as inovações conceituais constantes, tem levado à outorga a cada indivíduo do poder de decisão e de encaminhamentos, em muitos âmbitos e questões, tanto na vida pública quanto na vida particular. Isso requer uma consciência bem formada e capaz de escolhas adequadas e de decisões sábias. Ora, comprometimento na consciência de indivíduos que contracenam em seus âmbitos de atuação é comprometimento institucional.

Os meios de comunicação oferecem, diariamente, a clara e grave constatação desses desafios, com as notícias, de diferentes instâncias e atores, mostrando a Babel instalada nos diferentes contextos da sociedade. Os juízos de valor emitidos revelam as inconsistências sobre situações e andamentos. Não é por outra razão que há o risco de acostumar-se com a subjugação de princípios fundamentais e de normas básicas, levando indivíduos, grupos ou instituições a se postarem como donos da verdade, com a pretensão de serem instância suprema no que se refere à verdade, ao bem, à justiça. O resultado é a proliferação de arbitrariedades e o consequente naufrágio da sociedade e das instituições, em virtude da falta de um sustento que só pode vir de uma consciência bem formada e capaz de articular a novidade no contexto de todo esse emaranhado. Só uma consciência bem formada é capaz de encontrar caminhos novos e novas articulações para fomentar as novidades exigidas para este tempo. Os desvios, na verdade, são grandes e comprometedores. Os comprometimentos de uma consciência que não foi bem formada, atuante em qualquer âmbito, evidenciam-se nos emperramentos à possibilidade de encontro de soluções urgentes e adequadas para problemas candentes do contexto social. Incidem também sobre as definições de prioridades, tendendo a favorecimentos que não levam em conta as necessidades dos que as têm em situação de gravidade. Por outro lado, a consciência bem formada funciona como um luzeiro, cuja fonte de energia se constitui da intimidade com valores e normas, com força de não permitir escorregões. O balizamento ético é o único capaz de hospedar os processos educativos da consciência. Nessa perspectiva, constata-se que há, atualmente, grandes carências e demandas éticas.

O processo permanente e sempre atual da formação da própria consciência e da participação na edificação da consciência comunitária deve ser meta prioritária de todos e das instituições que já conquistaram uma lucidez maior para suas metas.

Ética e controle

Controle, em palavras ou em atitudes, provoca sempre e é motivo de rejeição. Sua significação, ao menos em determinadas perspectivas semânticas, patenteia a contramão da desejada autonomia que marca determinantemente a subjetividade humana moderna. Na verdade, a hegemonia da racionalidade forjou, com as ricas conquistas do sentido e da concretização da liberdade, dinâmicas que se definem pela rejeição de qualquer tipo de controle. Tudo o que indica controle recebe pesadas resistências. Isso acontece no âmbito familiar, gerando crises relacionais significativas. Também não são menores os embates nascidos no mundo da política para não se permitirem atitudes ou encaminhamentos que funcionem como camisa de força sobre grupos e pessoas, temáticas e prioridades. Os vínculos afetivos entre pessoas se estrangulam quando controles de questionáveis qualidades se estabelecem. Perpassando outros âmbitos de diferentes dinâmicas e finalidades, pode-se constatar o quanto, semanticamente, a significação de controle é desgastada, e bem assim o seu alcance. Não se deseja, na verdade, nenhum tipo de controle. Nasce aqui a justificativa de uma radical e total autonomia. Não há de se desconsiderar o fato de tratar-se de uma exigência justa da subjetividade humana, no seu processo de emergência. Passa, porém, a evidenciar-se, nesse caso, o surgimento de tiranias e arbitrariedades, assim como o crescimento dos riscos de comprometimentos pessoais, institucionais e administrativos. Quando a projeção de uma exigência interna se torna parâmetro e regra para a imprescindível regulação das relações nas instituições e na própria sociedade, ocorrem riscos muito sérios e comprometedores. O confronto se dá, pois, no binômio formado por autonomia e controle. A autonomia é justa e salutar. O controle é necessário e terapêutico. Um sustenta a subjetividade; outro garante justiças.

As dinâmicas que regem o funcionamento de sociedades, instituições, culturas e até relacionamentos pessoais definem-se pela adequada articulação entre autonomia e controle. A autonomia garante ao sujeito o direito e a capacidade de autoria; ao mesmo tempo revela, tantas vezes, a arbitrariedade e a tirania que não respeitam ou consideram o sentido saudável do limite. O controle resgata elementos de regulação imprescindíveis para o funcionamento de toda e qualquer dinâmica, estabelece parâmetros, que livram grupos e pessoas das tiranias. Evoca-se, pois, além de critérios tais como a maioria, em detrimento da verdade ou do bem, a necessidade de uma atuação pautada em valores com força de inspiração para a criação e a aplicação de mecanismos que garantam o respeito aos direitos fundamentais e à promoção da justiça, entre outros direitos.

Há um lugar único em condições de tal produção. Trata-se da ética. Só ela tem força de regulação para manter a clarividência de processos, e o senso crítico que recupera a direção do bem. Autonomia e controle, regidos pela força dos valores éticos, podem garantir essa direção como única condição de possibilidade do bem e da justiça.

Essa consideração justifica e explica a seriedade de posturas e encaminhamentos na gestão de empresas, instituições governamentais, relações eclesiais e nas diversas áreas de atividade. Na verdade, não bastam para adequados funcionamentos as inteligentes estratégias que possam produzir lucros, eficiência e eficácia de programas. Faltando a regulagem advinda dos parâmetros importantes que só a ética pode oferecer, enquanto explicitação de direitos, deveres ou perspectivas de valoração, haverá sempre o risco do nascimento de dinâmicas perversas e arbitrárias, grassando a corrupção e a falta de transparência nos gerenciamentos e na definição de prioridades. Esse risco se soma às situações em que o outro evade da consideração e do sentido mais fundamental na constituição de sociedades e instituições, não encontrando nele mesmo a razão única de funcionamentos e de respostas no processo de promoção da vida e da dignidade da pessoa humana.

A discussão e as abordagens a respeito de controle, com a consequente constituição de instâncias éticas para sua influência, clareza e procedimentos, é a única possibilidade para a superação da desonestidade, que desfigura o sentido da cidadania e macula o sagrado mistério da pessoa, fazendo da sociedade um lugar confuso e injusto.

Reacende uma luz de esperança quando instâncias governamentais ou não, grupos e partidos, e tantos outros elegem como prioridade a regulação ética para suas atividades, admitindo que nenhum funcionamento é saudável se prescindir da clareza e do sentido dos valores que dão a essas atividades uma razão que está para além de interesses particulares, elegendo o outro e suas circunstâncias como prioridade.

Ética e conversão

Conversão é vocábulo muito conhecido de todos. A extensão do seu campo de significação possibilita o seu uso habitual, em falas e considerações, para referir-se a diferentes situações e a variadas questões. Até mesmo para detectar as soluções e para apontar os procedimentos referentes aos outros. Sua significação inclui referências a mudanças, de sentido ou direção, substituição ou alteração de características, cálculos de valores e ainda o sentido essencial e desafiador da mudança fundamental de atitude. Esse sentido de mudança fundamental de atitude é tema central da literatura bíblica, da liturgia da Igreja e da compreensão ética da vida e dos andamentos justos na sociedade. Aqui se aloja, no entanto, o desafio maior que incomoda a todo mundo em razão das incursões que esse processo exige e inclui nos seus diferentes estágios. Na verdade, a mudança fundamental de atitude, em qualquer campo ou âmbito da vida humana, é a questão mais importante. É também a mais difícil. A mudança, que cada um é chamado a operar em si, é mais difícil de ser assimilada. Sua não assimilação é mesmo reforçada pelo coro formado pelos interesseiros, pelos míopes diante dos quadros novos e pelos surdos, que vivem na incapacidade de perceber os clamores vindos de tantos lugares, situações e necessidades. Sem essa mudança, tudo permanece como está. As promessas se tornam simples retórica, os exercícios profissionais se revelam inócuos, os cargos são exercidos sem o sentido de serviço prestado aos outros. Assim sendo, difícil será o atendimento das demandas de pessoas, de grupos e da sociedade, perpetuando entraves que poderiam ganhar soluções mais rápidas.

Conversão vem de *conversio*. Sua compreensão inclui o sentido e o mecanismo de um giro que se dá em torno de algo. Um giro que configura as mudanças e conquista as novas caracterizações para a conduta da pessoa, para o funcionamento das sociedades, ou para o andamento interno de instituições, independentemente do seu caráter específico. Ora, esse giro dado ocorre em torno e na direção de princípios de comunhão e de valores de universalidade, o que significa dizer que ninguém poderá eximir-se do engajamento diário em processos de conversão pessoal ou de mudanças nas dinâmicas institucionais e sociais. Todos são desafiados, permanentemente, a retomar a tríade que garante a conduta autêntica e justa para a sustentação de processos que efetivam, nos diferentes contextos da vida, as necessárias mudanças. Trata-se da tríade da liberdade, responsabilidade e dever. Há, pois, uma moralidade que desafia a permanente configuração e conquista dos valores que mantêm a sua autêntica consistência. Caso contrário, ocorrerá a instalação de mecanismos que geram e justificam imoralidades, tornando comum, por pequenas e grandes coisas, a transgressão de valores, seja no âmbito do relacionamento pessoal, da condução institucional ou do funcionamento social.

Em questão, para explicitar a necessidade do processo de conversão enquanto mudança fundamental de atitude, a paz. Convictos de que a paz é uma questão de justiça, verifica-se quão pouco se avança na sua conquista em razão da indisposição daqueles que, por razões egoístas, não operam a necessária modificação do lastimável quadro de pobreza que assola a humanidade neste grave momento de sua história. Os programas de desenvolvimento, apontando o caminho da superação mais rápida da pobreza que vitima milhares de pessoas diariamente, trazem as conclusões de economistas e de especialistas que os assessoram. Segundo eles, bastaria o investimento de 0,54% do Produto Interno Bruto dos países desenvolvidos para pôr fim à extrema pobreza que dizima o planeta neste momento, em tempo mais curto. Em reuniões de cúpulas, países se comprometem a disponibilizar muito mais do que isso, algo em torno de 0,7% do seu PIB. O curioso é que o tempo passa e eles não cumprem o prometido. O quadro da miséria se agrava.

Quando o valor da solidariedade presidiu reações e efetivou compromissos nas situações de calamidade, pôde-se verificar o quanto se fez. São verdadeiros milagres para além da força dos números. O Brasil pode também mudar o quadro intolerável de pobreza que o aflige. Mas nada mudará na nação, na família, nas igrejas ou em qualquer lugar sem que se ouça o convite-intimação que ecoa do coração do Filho de Deus: "Convertei-vos e crede no Evangelho" (Mc 1,14).

Ética e cooperação

A situação mundial revela a complexidade dos emperramentos que atrasam mudanças necessárias e urgentes para transformar a situação sacrificada de tantos. Esses atrasos são os responsáveis pelas estatísticas assustadoras em termos de mortes, destruição, condição miserável e dizimação de culturas e povos.

Na verdade, são homéricos os emperramentos. Há um rio de burocracias. Pior ainda é o jogo ideológico que alimenta interesses em detrimento do bem de todos. Não menos perversa é a tirania da ganância, que alimenta a doce ilusão da felicidade sustentada pela aquisição e pela posse de bens.

Já o profeta Isaías, em sua obra magistral, ensinando-nos o social e o ordenamento da autêntica fé no Deus vivo, dizia: "Ai daqueles que vão juntando casas e mais casas, emendando terreno com terreno até não sobrar espaço para mais ninguém e serem os únicos donos da terra" (Is 5,8).

Só um esforço hercúleo pode superar esses emperramentos homéricos. Talvez por isso poucos empenhem sua cidadania e envidem maiores esforços para a configuração de novos quadros e dinâmicas que visem a uma ordem social nova. A consequência é a formação idílica de espaços para garantir, ao menos, o bem-estar de alguns, o desfrute acomodado de outros, enquanto os responsáveis se deleitam com a exibição de números ou ações que não modificam a qualidade de vida de pessoas, grupos sociais e nações, vítimas da miséria e da fome.

A miséria é uma calamidade que desfigura as culturas e resulta na animalização do humano. Não menos preocupante é o embrutecimento das criaturas humanas, queridas por Deus para ser a mais nobre expressão da sua ternura amorosa. É confuso acompanhar atitudes e escolhas de pessoas tão descompassadas.

Nações poderosas ou grupos social e politicamente fortes não cumprem o que assumem como compromisso. Na verdade, muitas vezes não conseguem realizar o que prometeram. No entanto, simpósios, seminários e outros eventos definem, com a mais fina formulação, prioridades e indicativos de ação para interferir na ordem dos funcionamentos, para mudar o quadro social e criar as condições de desenvolvimento de pessoas e culturas. A meta é garantir, a cada um, experiências que promovam a sua humanização. Infelizmente, de um ano para outro, em eventos de iguais objetivos e metas ou nas reuniões e grandes promoções, com força de mobilização da opinião pública – e em certo sentido de sinalização esperançosa de um novo tempo para os miseráveis da terra –, não é raro constatar que em nada se avançou significativamente. Com tristeza se verifica que muito se gastou do dinheiro – que corrompe facilmente o coração humano – para a manutenção de funcionamentos burocráticos ou inócuos, o que corresponde a verdadeiras respostas negativas às urgências e às necessidades da grande maioria. Fala-se muito, e pouco se consegue efetivar para mudanças maiores.

Esse mal atinge instituições com diferentes finalidades, na particularidade do seu caráter. Chega-se ao ridículo da satisfação com procedimentos que pouco significam para a mudança esperada por todos, e inadiável para os que sofrem mais.

Toda essa desafiadora complexidade encontra, no entanto, um sinal de esperança. Há uma saída. A saída, em si, é muito simples. Há um princípio fundamental, de caráter ético e com ecos estratégicos sobre as formas de agir, que pode resolver o problema: é o princípio da cooperação. Efetivamente, ele tem força revolucionária nesse contexto.

O princípio da cooperação é o único que consegue selar alianças solidárias e mais duradouras entre povos, culturas, instituições, grupos e indivíduos. Ele possibilita soluções novas, quando aquele que tem mais reparte com quem não tem, chegando-se ao milagre de se ver quem pouco tem repartir sua pobreza. O novo tão almejado não virá enquanto a frieza dos números presidir o processo. O princípio da cooperação será eficaz na medida em que se corrigirem distorções antropológicas sérias, tanto conceituais quanto práticas. Vale a pena exercitar-se com a construção antropológica articulada no Livro do Gênesis (Gn 1–3). Ali, por linguagem simbólica e estilizada, o Povo de Deus encontra saídas nos momentos de grave crise. São princípios determinantes de que o único "dono" de tudo é o Criador, iluminando a dignidade humana de quem se espera uma administração geradora de vida, fazendo valer o sentido de que o outro é sempre mais importante. Só o princípio da cooperação será o Davi a derrotar o Golias, confirmando a vitória por todos esperada.

Ética e corporeidade

Corporeidade, uma temática que recoloca no centro das discussões uma das questões mais desafiadoras para a reflexão antropológica da atualidade: o corpo. As perspectivas e implicações dessa temática dizem respeito a todos, da vida particular ao horizonte inspirador das opções escolhidas para o inter-relacionamento, assim como para a articulação das prioridades e investimentos na organização social, política e econômica das sociedades, das instituições e das culturas.

É de amplo alcance pensar a relação entre corporeidade e existência. "Eu sou" o meu corpo, via insubstituível da experiência que define e sustenta o viver. No corpo ressoa a dimensão transcendental da consciência; nele, os sistemas de sinais subsidiam a espiritualidade, as emoções, as sensações, a produção do sentido, as opções.

Quanto é abrangente a temática da corporeidade! Ela tem a ver com tudo e com todos, afetando os diferentes campos do saber e as mais variadas situações da vida. Tem, portanto, a ver também – e particularmente – com a Ética. Bem assim, tem a ver com a Teologia, a ciência do caminho para Deus. Não pode surpreender a temática do "corpo" como preocupação central da Teologia, quando se tem presente que Jesus, o Filho de Deus, o "verbo se fez carne e habitou entre nós" (Jo 1,14a). Causou escândalo aos parâmetros religiosos de interlocutores de Jesus e deles revelou o estreitamento na compreensão quando Ele lhes disse: "Em verdade, em verdade vos digo: se não comerdes a carne do Filho do Homem, e não beberdes o seu sangue não tereis a vida em vós. Quem come a minha carne e bebe o meu sangue tem a vida eterna, e eu o ressuscitarei no último dia" (Jo 6,53s). Esse discurso de Jesus na sinagoga de Cafarnaum foi avaliado por discípulos seus como sendo duro. Muitos deles desistiram de segui-lo, em razão das exigências da oferta de si, respeito incondicional ao outro e compromisso com a promoção da vida de todos.

Na verdade, é hora de articular o pensamento a respeito do corpo de maneira nova, superando "ismos" atraentes e cultivados no interior da cultura moderna, bem como as considerações importantes para a conquista da verdadeira liberdade e a audácia necessária, neste momento, para a definição de uma nova ordem social, política, econômica e cultural.

Em questão está o desafio de uma adequada compreensão ético-antropológica do corpo, da vida e dos relacionamentos. Presidirá sempre e em primeiro lugar a condição definida pelas afinidades, enquanto possibilidade de vínculos duradouros. Afinidades importantes na relação com o outro e com o totalmente outro, Deus. Particularmente o desafio da afinidade, possibilidade de vínculo e conhecimento com o outro, que escapa à afinidade natural e habitual, facilitada pelos contextos de proximidades, porque localizado em situações e condições que de todos exigirá sempre deslocamentos significativos, tanto geográficos quanto sociais, particularmente na ordem da interpretação e da compreensão do "si mesmo" que está no outro para além do próprio território.

A cultura moderna do corpo, com as compreensões peculiares da atualidade – consumo, conceitos de beleza, fonte de altos rendimentos, excitação dos desejos e de outros tantos aspectos, com esquizofrenias e delinquências, permissividades e anomias –, traz no seu bojo exigências de incontáveis decifrações com a consequente constituição de um novo "*éthos* da corporeidade", necessário para abrir portas terapêuticas e libertadoras e livrar a sociedade da carceragem imoral que abriga nosso tempo.

Ética e cultura

Certa vez, em Atenas, no Areópago, o Apóstolo Paulo (At 17,22-31) sublinhou, na sua interlocução com os frequentadores daquela praça, o que está no mais íntimo do coração humano: "... o desejo e a nostalgia de Deus". Essa verdade, guardada como tesouro pela Igreja Católica, independe do humor de quem admite ser ela verdade ou não.

"O desejo e a nostalgia de Deus" se revelam de muitos modos no quadro da existência humana e nas diversificadas situações de sua configuração socioeconômica, político-cultural e religiosa. Basta pensar o dinamismo interno que está na estrutura mais profunda de toda pessoa humana, impulsionando-a na superação de suas contingências inumeráveis e projetando-a para os âmbitos do infinito.

Nesse vértice, ocorre um grande desafio existencial. Pode-se perder o rumo. Pode ocorrer uma errônea interpretação de papéis, engano na escolha de prioridades, menos lucidez na organização social e política, e também uma compreensão religiosa opaca do seu sentido autêntico. Aí também está a possibilidade para a compreensão da verdadeira dignidade humana, para a apropriação de valores irrenunciáveis e para a descoberta das fontes permanentes do sentido para a vida.

Nesse âmbito, portanto, situa-se o importante binômio: "ética e cultura". Sua consideração e aprofundamento permitem a conquista do necessário ritmo para a existência humana, enquanto se é e se está na contingência, contracenando com a necessidade intrínseca de toda pessoa de projetar-se no infinito e de nele adentrar. O pano de fundo da ética e da cultura é, portanto o desejo da Verdade. Santo Agostinho, na sua obra clássica, tem uma observação muito concreta que revela essa perspectiva do mais profundo do ser de toda pessoa, ao dizer: "Encontrei muitos com desejo de enganar outros, mas não encontrei ninguém que quisesse ser enganado" (*Confissões*, X, 23, 33).

Pode-se concluir, então, que aqui se inscreve o capítulo fundamental que contém os valores determinantes dos rumos da vida. Determinantes por serem oriundos das próprias raízes da existência humana, no seu sentido, na sua origem e destinação. O nascedouro, pois, dos valores se localiza para além do simples arbítrio, para manter sempre atual a exigência que a Verdade, seu sentido e sua procura determinam. Assim, a ética, fonte referencial de valores, configura rumos, matizes, direções e dinâmicas na cultura e nas culturas. Isso ocorre, obviamente, à medida que haja lucidez de sua percepção e a consequente obediência de seus princípios.

Faz-se, portanto, necessário confrontar a cultura com os parâmetros oferecidos pela ética. Trata-se de analisar a maneira particular como as relações humanas são estabelecidas à luz de valores advindos do nascedouro da ética. A cultura, entendida como a totalidade da vida de um povo, deve receber valores que estão para além dela mesma, criando as condições de uma avaliação do modo como pessoas cultivam as relações entre si mesmas, com a natureza e com o próprio Deus.

A ética tem uma fonte referencial imutável: a Verdade, que ninguém possui plenamente. Sua procura é a única dinâmica que localiza bem toda pessoa nas suas relações. Trata-se de uma procura que aponta decisivamente para Aquele que é a Verdade: Deus. Assim, permanente é o desafio posto à cultura, enquanto gerada em processos históricos, ante os mais diversos valores e à exigência de novas sínteses. Na verdade, a cultura é uma realidade histórica e social. Ela passa por grandes transformações que põem em jogo o sentido da vida, confronta seus ritos, configura hábitos, redefine direções e opções.

O desafio sempre esteve presente em todos os tempos e em todas as culturas. Presente também deve estar a atenção especial no acompanhamento desse processo e a colaboração que a ele se deve dar. Aqui está o segredo do destino e das condições oferecidas à humanidade.

A Igreja Católica, consciente do mandato que recebeu do seu Mestre e Senhor, Jesus Cristo, particularmente neste início de milênio, e na consideração das condições atuais na sociedade brasileira, participa desse processo com o Evangelho, essa fonte ética inesgotável e insubstituível, para oferecer alternativa às velhas e decadentes formas, na busca das sínteses novas, dignas da vocação humana.

Ética e delinquência

"Jesus percorria todas as cidades e povoados, e ensinava nas suas sinagogas, proclamando a Boa-Nova do reino e curando toda doença e enfermidade. Vendo as multidões, encheu-se de compaixão porque estavam como ovelhas sem pastor" (Mt 9,35). Essa anotação do evangelista ajunta numa mesma linha de compreensão o passado e a contemporaneidade. A linha comum é a gravidade da situação patológica que aproxima duas eras tão distantes e tão diferentes. Permanente é a demanda de cura de tantas doenças e enfermidades que vão assolando e solapando a dinâmica sociocultural. As doenças e enfermidades se multiplicam, e na mesma proporção se multiplicam as multidões. Basta lançar um olhar sobre o quadro doloroso do mundo para se constatar a calamidade que vai grassando em todos os lugares, atingindo a todos. Há gente doente adoecendo gente, que, doente, adoece mais gente. Gravíssimos são os problemas para a saúde de todos

Analisando-se com mais acuidade o quadro dessas doenças, parece urgente diagnosticar e enfrentar a praga da delinquência. Como fator de preocupação, a delinquência não pode ser considerada apenas em relação àqueles que perderam ou nunca tiveram a sanidade mental. Esta sempre foi explicada a partir de fatores biológicos em rota de complicação, gerando indivíduos "diferentes". Fugindo aos parâmetros "normais", esses indivíduos se tornavam muitas vezes motivo de pilhéria. Ou ficavam conhecidos como figuras características de um lugar, dando ensejo, com seu desempenho, à criação de histórias e fatos que mantêm viva uma memória de referências, pessoas e sonhos. Ou até mesmo se tornavam inspiração para a criação literária.

A delinquência, no entanto, é um mal de outra ordem que afeta permanentemente a sociedade. Impressiona o estarrecimento de tantos que compartilham, sem compreender, as agressividades cometidas pelos portadores desse mal; surpreende a pouca idade de muitos que perpetram crimes bárbaros; causa impacto a frieza das perversidades praticadas. Sem falar na incapacidade para a transparência na vida e nas escolhas, como também na impotência para o senso de honestidade. É triste ver que as inconsistências humanas geram a incapacidade de suportar os embates da vida, levando as pessoas a substituir o "poder de ser" por uma necessidade radical e frenética de "poder ter" e de "poder controlar". O funcionamento da sociedade e suas ações, particularmente no âmbito da autenticidade do ser, revelam uma insanidade preocupantemente generalizada. Isso se manifesta desde a agressividade nas relações mais familiares, até as manipulações pelas quais mentira e engano se tornam parâmetros definidores no estabelecimento de relações e vínculos.

A demanda terapêutica é complexa e de extensão incalculável. Aliás, trata-se de uma demanda prioritária. O seu não enfrentamento é a aceleração do enlouquecimento da humanidade. Mais: é a própria constituição de uma dinâmica de vida que tem a capacidade de destruição rápida e perversa da própria vida.

A convicção atesta que a solução procurada apenas no estabelecimento de uma nova ordem social não será o suficiente: ela não dará conta da necessidade de todos de se engajarem num perene processo de recomposição de si. Na verdade, está em jogo a dignidade humana, na sua sacralidade e no seu alcance incomparável de significação.

Medidas ético-profiláticas são urgentes e precisam ser assumidas de maneira massiva para operar significativas mudanças de direção e recomposição interna das pessoas, pela força da cultura e da prática religiosa, devolvendo-lhes e garantindo-lhes a unidade interior insubstituível – única possibilidade de se conquistar e manter um grau mínimo de saúde física, psicoafetiva e mental.

As responsabilidades desse processo ético-profilático exigem de todos e de cada um uma nova postura. A presidência dos interesses e das buscas particulares demanda ser relativizada. Só a transparência e a honestidade, sem deixar triunfar aqui e ali as nulidades dos interesses espúrios, podem recuperar a capacidade de se dizer a verdade ou de encontrar gosto em servir a todos com sinceridade. Esse é o empenho. Ultrapassa em exigência a muitos outros e é a única possibilidade de se buscar um novo horizonte.

Ética e desafios normativos

Os avanços biotecnológicos continuarão a representar desafios no horizonte da sociedade contemporânea mundial. Os desafios continuarão porque a ciência não pode parar. Não há como não avançar. Os avanços serão sempre significativos, importantes e necessários no caminho da humanidade. São, por isso, neste momento, muitas e acirradas as discussões no âmbito da biossegurança, que incluem os mais variados aspectos e perspectivas. Naturalmente, o acirramento deve-se à complexidade dos campos de pesquisas, suas finalidades e os seus inevitáveis esbarrões com dimensões que por si ultrapassam a materialidade dos números, dos engenhos, e até mesmo das comodidades oferecidas. Trata-se de uma complexidade que ultrapassa os engenhos das mecânicas. Inevitavelmente, entra em questão a ética, com o enorme desafio de não apenas atender a interesses e objetivos individuais ou pontuais. Consequentemente, a dimensão normativa necessária para a regulação das discussões e dos avanços haverá de pressupor a ética. Torna-se claro que não se trata de um simples jogo de poder entre grupos ou partidos. Não é uma batalha para contabilizar vencedores e vencidos. O resultado não pode ser aquele buscado, fugazmente, por uma torcida organizada como objetivo momentaneamente agradável. Quem ganha hoje perde amanhã. Quando no centro da questão está a vida, dom de Deus a cada um, com seu inalienável direito de respeito e de promoção, não se pode perder. Torna-se simplória, então, a atitude de quem, facilmente, chega aos estereótipos com jargões obsoletos, conservadorismos ou obscurantismos atribuídos a pessoas ou instituições, desrespeitando a igualdade de direitos na discussão. É preciso admitir que, para além da dinâmica interna do avanço biotecnológico, existe uma instância superior que tem poder de crivo e de juízo: a ética.

Isso significa dizer que na pauta dos avanços e conquistas biotecnológicas não se pode abrir mão dos balizamentos éticos para a superação dos incontáveis desafios normativos. O que se quer dizer é que a ética impõe a todo processo normativo uma incursão mais profunda. Isto é, não pode valer apenas um pragmatismo qualquer. Na verdade, a ética como ciência guarda também uma complexidade própria: a complexidade da ciência dos valores, com sua profundidade e inesgotável riqueza.

Ora, toda norma tem que se respaldar numa fundamentação moral cuja alavanca é a argumentação ética. Os procedimentos normativos, em qualquer âmbito, laico ou religioso, grupal, comunitário, institucional ou partidário, se carentes de consistência ética, correm o risco de manipulação, utilitarismos e perversos individualismos. O risco é a semelhança com uma ultrapassada e velha moral, que se aproxima dos juridicismos ou legalismos nefastos e inócuos que a definem. Situam-se aqui as polarizações quase inevitáveis. A saída é prosseguir no diálogo.

Para compreender o complexo debate atual da questão, há de se focalizar, entre outros aspectos, o confronto inevitável entre uma ética da fé e a racionalidade. Os partidários da ética da fé não podem abrir mão da fé cristã para a fundamentação das normas. Isto é, o que é normativo se configura também e prioritariamente a partir da revelação cristã. Noutra perspectiva, enfatiza-se a importância da razão no processo ético-normativo. A razão não pode faltar como força articuladora do discurso ético no contexto histórico-cultural de uma sociedade secular e pluralista. Essa articulação evoca incursões muito profundas. Se elas não forem praticadas, é certo o risco dos reducionismos, com resultados imediatos e inevitáveis sacrifícios impostos ao sentido autêntico da vida. Por isso, desempenhar o papel de legislador é algo muito sério e oneroso. Sério por causa do sentido absoluto que a vida tem; oneroso porque não bastam motivações meramente ideológicas, é preciso um conhecimento profundo de questões e argumentações para se conquistar o necessário estágio de lucidez no momento das decisões e escolhas.

Portanto, é preciso alargar a compreensão de todos em torno da questão desafiadora que é a conquista da perspectiva ético-normativa, visando ao funcionamento da sociedade enquanto lugar de garantia autêntica do dom intocável da vida.

Não se pode negar a imprescindível contribuição que a razão e a fé cristã têm a oferecer neste momento em que os avanços biotecnológicos pedem o suporte de sua contrapartida ético-normativa. Na mesma intensidade com que os cientistas se voltam para a conquista de resultados avançados na biotecnologia, os profissionais da legislação hão de assumir o mesmo desafio na direção dos valores éticos. Por fim, fica a cada cidadão o desafio de viver levando em conta a ética.

Ética e dinheiro

"Não podeis servir a Deus e ao dinheiro" (Mt 6,24) é um dos riquíssimos ditos da maestria de Jesus, no conhecido e apreciado Sermão da Montanha (Mt 5–7). O desafio apresentado por Jesus aos seus interlocutores localiza-se no universo daquele simbólico que define rumos para a história, marca dinâmicas de funcionamento e elege prioridades em diferentes âmbitos da vida. O dinheiro, tão concreto na sua materialidade e tão real no seu ter ou não ter, ocupa um lugar simbólico determinante na organização da vida social, política e familiar. É muito grande o peso do econômico como fator determinante das relações, desde as mundiais e internacionais até aquelas do micro inter-relacionamento nos pequenos grupos, nos negócios e no mais recôndito das famílias e das amizades. Estabelece-se um jogo simbólico, de profundidade inatingível e de consequências imensuráveis. Há de se ter o cuidado para não colocar em risco culturas, vidas, vínculos, com o comprometimento de valores fundamentais para a ordem social e pessoal. O lastro simbólico do dinheiro, que não pode ficar ausente do funcionamento da ordem econômica – em que pese sua influência determinante, catastrófica e perversa sobre a ordem social –, ultrapassa o seu próprio território e vai atingir o âmbito de valores insubstituíveis. Dessa forma o dinheiro passa a reger, sustentado na força simbólica do seu poder de comprar, vender e possuir, cuja força determinante seduz.

A sedução do poder conferido pelo dinheiro é responsável por sérios comprometimentos. Ela justifica as tiranias e as arbitrariedades que pautam a vida de tantos e define incontáveis funcionamentos cuja orientação exige respostas que deem primazia à solidariedade e ao sentido inalienável do bem do outro acima de qualquer título ou razão justificável. A regência simbólica do dinheiro perde, neste caso, sua função reguladora e de balizamento para adentrar os horrores da ganância, por muito ou por pouco, minando qualquer sentido fundamental de solidariedade e de compromisso com o bem do outro, especialmente os pobres. Para o avarento, por exemplo, o dinheiro é tudo, porque vale mais do que tudo: mais do que amar, mais do que a família, os amigos. Bem assim, a ganância faz conviver, tranquilamente, com as incursões que só a corrupção permite fazer, ou com as arbitrariedades do desejo e dos interesses particulares.

Muitos são os riscos que o dinheiro traz na sua função reguladora da ordem econômica e das relações entre as pessoas. Observando-se a organização social e os interesses mercadológicos que influenciam as pessoas em suas escolhas e no sentido a ser dado a suas vidas, pode-se destacar o comprometimento para o sentido nobre, com raízes divinas, do trabalho. Está subjacente ao sentido do trabalho o direito de remuneração digna e a finalidade de garantir a sustentação nos parâmetros da dignidade de toda pessoa. Contudo, inúmeros fatores que permeiam o universo simbólico do dinheiro impedem a compreensão do trabalho no seu sentido original. Na verdade, o trabalho é a participação humana na condição divina de criar e recriar, para garantir a todos, na solidariedade, a condição de destinatários dos bens da criação, pelo direito igual de todo homem e de toda mulher, inscritos na condição de sua dignidade humana, criaturas criadas à imagem e semelhança de Deus, o único Senhor e "dono" de tudo.

O que se vê, no entanto, é o desejo de se poder sempre mais, em qualquer circunstância, e o aumento da segurança na proporção do que se possui; a ilusão de que basta o dinheiro para garantir a felicidade e a sedução por possuir o que se precisa a qualquer momento, mesmo sem a clareza do que se precisa realmente; a valorização da pessoa em função de seu salário, visto também como fonte de autoestima, ultrapassando o parâmetro incontestável da garantia de vida digna; a disputa de poder pelo que se possui e a necessidade de ostentação para se experimentar sensações ilusórias de prazer. Não menos a defesa do seu em detrimento do bem dos outros e da partilha solidária como exigência ética de qualquer cidadania. Esses e outros fatores têm maculado tantas pessoas dos mais diversos níveis e graus sociais, guardando para a história aqueles que fazem de seu trabalho lições de amor.

Ética e eleições

Eleições, em qualquer âmbito, constituem-se em fator de grande mobilização. Essa força de mobilização, meses antes do seu acontecimento, articula e inclui os mais variados interesses e perspectivas. Não é menor o impacto dos confrontos ideológicos e dos modos como a realidade social é tratada, desde as molduras das promessas até as análises competentes e realistas para um tratamento terapêutico de situações sociais e estruturais das cidades. Linguagens, falas e contatos são reveladores de tudo isso e também dos candidatos. Para além dessa moldura de muitos sentidos e de muitas nuances que o contorna, o acontecimento das eleições é um rito de nobreza, que ultrapassa o simples cumprimento da obrigação imposta pelas determinações jurídicas que incidem sobre a cidadania, isentando do exercício do voto, por razões específicas, somente algumas de suas camadas constitutivas.

A cidadania tem, pois, no ato de votar a realização de um rito que a revela nas suas dimensões de liberdade de escolha, na dinâmica da participação e no exercício da responsabilidade de entregar os destinos da sociedade a mãos que tenham a condição real e democrática de conduzi-la. Ninguém, por isso, pode renunciar ao gesto nobre de escolher ao votar, ainda que em tantos paire a sombra da dúvida ou dos desencantamentos em virtude de incompetências, desonestidades, respostas não dadas ou dadas em patamares não satisfatórios e desproporcionais às necessidades múltiplas e complexas da realidade social. O voto se torna o compromisso de acender uma lâmpada que, em primeiro lugar, se faz como escolha de quem é mais competente e tem melhores condições para exercer o mandato que a votação consagra. De verdade, é um rito nobre que comunitariamente constitui alguém para um serviço, em nome da sociedade e em favor de suas necessidades. Pode-se imaginar a movimentação das ruas, os diferentes rituais, os muitos atores, os mesários, servidores da sociedade, nas seções, acolhendo e encaminhando o rito; os votantes e aquele momento de santo orgulho ao apertar a tecla da confirmação de sua escolha. A aposta feita inscreve uma esperança. Essa esperança precisa de alicerces. Essa esperança tem seu alicerce, ganha sua consistência e força duradoura na iluminação ética que preside a própria escolha.

O compromisso com a vida e a certeza da promoção da dignidade da pessoa humana são critérios determinantes para examinar propostas de programas partidários, e base para uma discutida avaliação das condições pessoais daqueles que se candidatam. A competência pessoal inclui a capacitação técnica para a administração e para a missão a ser exercida, e não dispensa os requisitos da honestidade no tratamento da coisa pública e na qualidade do relacionamento a ser estabelecido com o cidadão. Não é difícil detectar posturas demagógicas, interesseiras e pouco sinceras. O comportamento do candidato deve ser, na sua história de vida, avaliado também do ponto de vista ético e de sua comprovada disposição de respeitar o pluralismo cultural e religioso. Outros traços como liderança, transparência e vontade de servir ao bem comum devem determinar a dinâmica do compromisso com a justiça. Nenhum eleitor deve deixar de avaliar a prática social dos candidatos. Seu compromisso com a vida em todos os seus estágios é a garantia de que não caiam na tentação, por vis interesses, da corrupção.

O ato de votar, exercício individual de cada cidadão, é a participação no tecimento de uma grande rede que configura a corresponsabilidade cidadã. Essa se define na escolha feita, com os resultados das urnas, e ao mesmo tempo inclui a tarefa de acompanhamento por meio dos mais variados e adequados mecanismos de participação e avaliação de mandatos. Assim, as eleições se tornam uma possibilidade nova, de um novo olhar, com consequente tratamento adequado da realidade, para a vida da sociedade. Da qualidade do processo eleitoral e dos novos eleitos dependerá a melhoria das condições de vida da sociedade. Pesa, por isso, sobre cada cidadão e cidadã uma enorme responsabilidade. No voto está o meio de intervir no funcionamento da sociedade e reorientá-la para horizontes mais belos, com o nome de justiça social, garantia de condições de vida e cidadania.

Realizadas as eleições, conclui-se um ciclo de importantes percursos na sociedade. Ao mesmo tempo, abre-se o novo ciclo que o povo espera e quer: o atendimento, com mais rapidez e eficácia, das necessidades que afligem a vida dos que estão em condições desfavoráveis.

Que a nobreza do ritual de votar e a evocação de nobrezas da cidadania, tendo como cenário a realidade social e política, que estampa a todos as suas chagas, demonstrando a premência de intervenções profundas e terapêuticas, envolvam sempre os candidatos a cargos eletivos, fazendo com que questionem e purifiquem as suas motivações. Que todos recebam a graça de se pensarem servidores do povo, promotores primeiros da vida e construtores da sociedade justa e fraterna.

Ética e ensinamento

Tratar de ética em relação ao ensinamento é focalizar a pergunta desafiadora a respeito da fundamentação da educação. Toda educação se sustenta em pilares cuja profundidade está além das aparências do seu funcionamento, independentemente de qualquer configuração institucional. Essa fundamentação é da maior importância porque na centralidade do processo educativo localiza-se a pessoa. Ora, corre-se sempre o risco, quando se trata da pessoa, de submetê-la, na sua sacralidade e no alcance de sua dignidade, a interesses outros que podem desconhecer e até negar sua inalienável identidade. Tais interesses são aqueles que se inscrevem, por exemplo, na lógica do lucro ou numa concepção que pouco faz conta do enraizamento da pessoa na transcendência. Sabe-se que a pessoa tem origem e destino que ultrapassam a mera lógica interna organizacional e momentânea de uma sociedade ou de um período qualquer de sua história. Se isso não é levado em conta, paga-se um alto preço pela produção de mudanças antropológicas comprometidas e pela perda de paradigmas essenciais para o adequado sustento e condução da vida. São muitas as avaliações históricas apontando fracassos ou perda do próprio sentido autêntico da vida, quando a sociedade prezou um ensinamento que deixou de lado dimensões que vão além do quadro das simples circunstâncias passageiras do tempo e da própria vida.

Nesse contexto, é indiscutível a respeitabilidade da presença comprometida de nossa Igreja Católica, com sua tradição bimilenar, na produção do ensinamento. Aliás, a evangelização se compreende como processo de ensinamento que está acima de qualquer interesse de mera sustentação institucional, a qualquer título. Um ensinamento que considera a essencialidade constitutiva da pessoa. Essa direção garante uma autoridade saudável e necessária na discussão de processos educativos tão necessários à vida e à saúde de uma sociedade. Ausentar-se desse campo seria incorrer num grave erro no que se refere à criação das condições necessárias de produção do sentido como sustento e direcionamento correto para o viver, tão importantes e necessários, assim como o pão de cada dia.

Daí a grande responsabilidade de governos, especialmente nas instâncias ligadas à produção do ensinamento que define e qualifica os processos educativos, bem como das instituições educacionais propriamente ditas, no que se refere à concepção do caráter e do alcance do ensinamento produzido e dado como alimento àqueles que se educam.

No caso do ensinamento de fundamentação ética e religiosa, cabe uma reflexão muito profunda, que leve a uma posição livre de qualquer tipo de ranço meramente ideológico e preconceituoso. Há que se compreender que os processos educativos não podem ser qualificados por uma concepção positivista da formação, vista apenas como atendimento de necessidades e capacitação técnico-profissional que atende a pessoa numa importante dimensão, mas deixa de lado aquela de caráter essencial: a dimensão que localiza a pessoa na dinâmica de ser para fora e para além. Aqui se compreende a importância do conceito de educação integral, que não pode ser atingida sem o devido espaço dado ao ético e ao religioso, como capítulos anteriores à confessionalidade ou a interesses que algum grupo possa ter.

O ensinamento integral há de ser compreendido como articulação de algumas dimensões fundamentais: a preparação profissional, com sua garantia técnica sustentadora do funcionamento e progresso da sociedade nas suas incontáveis necessidades; a finalidade formativa, que capacita e dá a toda pessoa o poder devido de participação, liberdade e autonomia que a dignidade própria de sua condição lhe confere; mas também como capítulo anterior, que dá fundamentação, ou como horizonte que aponta o sentido do ser da pessoa. Aqui se localizará a discussão, por exemplo, do papel do Ensino Religioso como desafio à compreensão do ensinamento nos processos educativos, para garantir-lhes a dimensão insubstituível de qualidade e integralidade no atendimento de demandas graves do momento atual.

Ética e espiritualidade

A ética tem uma gramática própria, com amplos e diferentes significados. Sua aprendizagem requer esforço intelectual. Aliás, a razão tem sempre um papel importante quando se buscam as fontes ou quando se procura apropriar-se de princípios norteadores da vida, da conduta e das ações.

Em si, a ética é um sistema de valores e de princípios muito bem constituído. Trata-se de uma ciência de valores cujas raízes ultrapassam as evidências dos significados dados. Por isso ela desafia o conhecimento humano: a profundidade impulsiona à procura e revela o quanto sua fonte está para além do simples conhecimento.

O desafio, então, está no esforço que o processo do conhecimento exige, desinstalando aquele que busca conhecer sua condição limitada. Ninguém possui devida e suficientemente o inesgotável dessa fonte. Todos estão na condição permanente de peregrinos. A busca de seu conhecimento é a condição para sua apropriação. Além disso, não se trata apenas da detecção ou simples explicitação da estrutura de conhecimento constitutiva da ética como sistema de verdades ou de valores. A explicitação intelectual, por si, não tem a força necessária para modificar, com urgência, tantas situações e circunstâncias da vida pessoal, social e política.

Ao lado do desafio do conhecimento, como consequência e exigência, põe-se o desafio do engajamento num processo que, de fato, opere as mudanças qualitativas na ação, nas opções e nas prioridades eleitas pelas pessoas. Isto é, há de se conhecer e é imprescindível experimentar a força da interpelação que vem do conhecimento, conformando um novo quadro e um novo jeito de ser, com novas dinâmicas, pela influência dos valores assimilados. Os valores passam a emoldurar a vida com a força de princípios éticos que definem modos novos de ajuizar, abrem perspectivas de escolhas diferentes e garantem dinâmicas novas no modo de ser. Ética, portanto, é razão de conhecimento e também de experiência.

Quando se fala de experiência, sabe-se de sua multiplicidade e diversidade. Difícil é conseguir fazer um elenco sistemático do que se pode encontrar como experiência no contexto atual. Entre elas, pode-se destacar a experiência espiritual. A espiritualidade está no centro da efervescência religiosa contemporânea. Contudo, torna-se fundamental percorrer o caminho próprio da dinâmica da espiritualidade para se pretender um processo de formação ética nos dias de hoje.

A espiritualidade, enquanto dinâmica que por si ultrapassa o simples sentido utilitário comumente dado a tudo, é uma possibilidade valiosa para dar a cada pessoa a condição de assimilar valores e princípios. Há de se perguntar por que não bastaria a dinâmica própria de todo processo racional de conhecimento. A resposta simples e óbvia se deve à dimensão de transcendência constitutiva da experiência na espiritualidade. Em outras palavras, aquele que se engaja no processo de formação ética precisa do sentido de transcendência para ser capaz de um conhecimento ético com força de transformação e de redefinições.

É verdade que, ao se falar de experiências espirituais, deve-se contar com os riscos existentes em termos de opções, que incluem variados tipos de dinâmicas, como magia, astrologia e outras diferentes ofertas típicas do mundo oriental. A solução para esse impasse é o sentido da transcendência cultivado, contracenando com o elemento básico da alteridade. O outro é sempre mais importante. Há um, totalmente outro, que configura o sentido mais exato de transcendência. A transcendência tem força terapêutica no contexto de uma sociedade excessivamente unidimensional, que avalia e prioriza de maneira utilitarista, por vezes preconceituosa e excludente, fazendo valer perspectivas que ferem frontalmente o sentido mais genuíno do outro.

A aprendizagem da ética funciona no contexto em que uma referência, como fonte, preside o processo. Destarte a fé tem um inquestionável e insubstituível valor na determinação qualitativa do processo ético, na dinâmica de sua assimilação e de sua própria prática. Pode-se concluir que o processo de reeducação ética na sociedade e no engajamento pessoal supõe o mesmo trilho do processo de educação e vivência da fé. Tal comprovação se pode verificar na dinâmica própria e sempre muito atual da história de fé de um povo, no Antigo e no Novo Testamento. Experiência autêntica de fé é processo de formação ética. Formação ética é concretização da experiência da fé. O bem da sociedade está, pois, na educação da fé e no processo de formação ética.

Ética e comportamento

Verifica-se hoje um largo crescimento do interesse por abordagens relacionais e comportamentais, para o atendimento de demandas e metas de instituições e empresas. A qualidade dos relacionamentos no interior das instituições e a configuração comportamental de cada um dos seus membros têm conquistado um lugar de específica consideração para o seu adequado funcionamento e esperado desempenho na consecução dos seus objetivos. Consolida-se, pois, a convicção da importância do relacionamento interpessoal como determinante de rumos e conquistas de qualidade em diferentes âmbitos institucionais. Já vai longe o tempo em que se considerava, por exemplo, a centralização, expressão de autoritarismo no funcionamento das instituições, como algo admissível e normal. Houve tempo em que procedimentos arbitrários eram naturais, e até tinham força para justificar a importância de quem os adotava.

Hoje, as formas de abordagem no relacionamento interpessoal tornam-se uma verdadeira ciência. Uma ciência que desperta muito interesse, recebendo amplos e significativos investimentos. Não há dúvida de que se descobriu aqui o segredo de uma fonte fecunda e lucrativa, até mesmo para as instituições.

Entre outras referências, sabe-se da importância dada a consultorias e acompanhamentos, visando à otimização dos procedimentos institucionais, com específica focalização no âmbito da qualidade do relacionamento. Essa qualidade será sempre, já é convicção, sinônimo de sucesso nos empreendimentos e nas conquistas de metas. A desconsideração dessa premissa acarretará riscos de perdas e atrasos no processo de evolução institucional.

Até aqui, nenhuma novidade ao focalizar esses interesses e a importância que tais investimentos têm recebido. Neles reside a garantia do almejado sucesso e eficácia às empresas e instituições. Curioso é verificar, para além do simples interesse pela eficácia, qual é a fonte que em termos de valores vai configurando este novo *éthos* cultural, institucional ou empresarial. Trata-se de uma merecida análise para não se ter a ilusão de se ter descoberto o que há de mais novo ou de mais interessante nesses âmbitos. Não é antiga esta fonte?

Antes de tentar chegar à fonte, vale lembrar alguma passagem que compõe o repertório de consultores e especialistas da área. Quando se diz que há uma fonte, luzes são projetadas sobre a profunda raiz dessas propostas comportamentais, com peso ético-moral, que está, sem dúvida, para além da inteligência e da competência dos seus especialistas. Sua inteligência e novidade consistem, sobretudo, em aplicar princípios e valores, que não são propriamente seus – próprias são as suas abordagens –, para garantir sucesso nas dimensões relacionais e comportamentais que reorientam os rumos de instituições.

Um exemplo simples e corriqueiro, necessário até à mais elementar educação social, é aquela recomendação feita a cada um, especialmente aos que têm responsabilidades de coordenação, de não incorrer no erro de deixar de dar um "bom-dia" a quem os serve no cotidiano. Interessante ainda é, por exemplo, propor que aquele que coordena, seja qual for o nível de responsabilidade e alcance de sua importância, coloque-se diante do outro como servidor. Uma proposta que marca uma total inversão dos traços culturais habituais de uma sociedade autoritária e muito ciosa dos postos ocupados. Não é incomum constatar na linguagem cotidiana, independentemente da autoridade exercida, usos de verbos como "mandar" ou dificuldades para substituir o "eu" por "nós" nos discursos e na compreensão dos procedimentos. Entre milhares de outras, são revelações passíveis de evolução ou emperramentos.

Não é necessário estender a exemplificação, pois os exemplos mencionados são suficientes para recordar outras abordagens no que se refere à importância dessas considerações. Vale mais agora localizar, em primeiro lugar, afirmações em torno de ao menos duas significativas referências, com peso ético-moral incontestável: alteridade e serviço.

O outro é sempre o mais importante. Servir é a única justa compreensão do que se faz. Cristo Jesus é a fonte de tudo isso. Seus ditos revelam. Vale lembrar, entre tantos, o seguinte: "O Filho do Homem não veio para ser servido, mas para servir e dar a sua vida em resgate por muitos" (Mc 10,45); "Amai-vos uns aos outros como eu vos amei; já não vos chamo servos, mas chamo-vos amigos" (Jo 15,12-17). Esses ditos guardam os sentidos de alteridade e serviço, com riquezas inesgotáveis para significativas mudanças de rota e dinâmicas em instituições, empresas, e no coração da sociedade. Razão teve Mahatma Ghandi: "Se levassem a sério, aconteceriam grandes e pacíficas revoluções".

Ética e humildade

O mundo atual é o mundo dos espetáculos. Há espetáculo para todo gosto, alimentando de sonhos a perversidades, de buscas profundas a sensações excitantes e efêmeras. Em cada tipo de espetáculo, algo que atrai e seduz. A vida parece aborrecer por ser tão comum. Por isso se vive atrás de espetáculos, luzes, cores, sons, multidões. Sem isso a vida parece ser insuportável.

O gosto e a atração desmedida pelo espetacular revelam o "buraco fundo" na esfera do sentido, a única capaz de sustentar a vida no seu curso normal. Tristemente, pode ser constatado que as âncoras do gosto pelo espetacular se localizam na esfera doentia da autoafirmação e nas ilusórias sensações de poder sobre coisas e sobre a vida dos outros. Nesse ambiente se fecundam as conveniências que dão à luz os resultados nefastos dos despotismos, nepotismos e manipulações, além de favorecimentos injustos e desnecessários.

Há, no entanto, em meio a tudo o que leva ao ápice da superficialidade e da incapacidade de encontrar gosto duradouro para se viver, no reverso do que é procurado como espetacular, um fascínio pela humildade. O coração humano, impulsionado pela dinâmica do que o configura autenticamente, não perde a direção mais essencial, da qual tem saudade, e é forçado a procurá-la. Vale lembrar e pensar por que não são esquecidas figuras como Francisco de Assis, Maximiliano Kolbe, Irmã Dulce, Madre Tereza, João XXIII, João Paulo II e tantos outros imortais. A humildade tem uma força despretensiosa, que se sustenta numa reserva de sentido muito profunda. Aquela reserva que ilusoriamente se procura no espetacular, mas, lamentavelmente, nele não se encontra. O espetacular é fatidicamente passageiro e fugaz.

A reserva de sentido que configura a postura humilde no coração humano se move sempre pela busca do invisível, que se traduz no sentido concreto e comprometedor de se viver para buscar o bem do outro, particularmente dos mais pobres e sofredores. A humildade é resultado, então, do mais profundo e nobre sentido de alteridade. O sentido de alteridade não é senão considerar sempre o outro como mais importante.

Humildade, porém, é ainda um conceito muito ambíguo na linguagem religiosa e espiritual. É bom saber que humildade não é negação, nem falta. É, antes, fruto de um profundo amadurecimento da personalidade moral e religiosa, ancorada num equilíbrio afetivo-emocional de grande lastro. Por isso é que a humildade estimula a liberdade verdadeira, sem propiciar aos poderosos nenhuma chance de arbitrariedades. Entende-se, então, por que a humildade guarda em si uma incomensurável força revolucionária. Tem propriedades de incomodar e questionar, indicando posturas novas a orgulhosos e prepotentes. Tudo isso porque a humildade é qualificativa da pessoa em si mesma e nas suas relações e vínculos. Falso é pensar o contrário. Quando se pensa contrariamente, multiplicam-se os que estão cheios de si mesmos e incapacitados para a escuta do outro, especialmente dos clamores dos mais sofridos e deserdados desta terra.

Num tempo de tantas prepotências, perpetradas de diversas maneiras, em todas as classes, raças e culturas, não há outro remédio para um rumo novo. Só a humildade corrige a prepotência que aparece travestida de enganos, interesses espúrios, barganhas vergonhosas, mentiras deslavadas e uso indevido do que pertence ao bem de todos. Só a humildade é remédio para recuperar a perda séria do sentido da ritualidade da vida, que compromete funcionamentos de instituições e grupos, agravando os comprometimentos de situações humanas, sociais e políticas.

Dois são os pilares que sustentam a humildade: dignidade e pobreza. Nessa direção, a humildade define identidades, o caminho que gera saída e respostas novas. O segredo é a não manipulação ou admissão de absurdos no contexto da atitude humilde. Jamais a manipulação da realidade ou de pessoas.

O fascínio da humildade é a sua força de remodelação das pretensões ambiciosas que corroem o coração humano e tornam a vida incômoda, mesmo quando o espetacular é sedutor. A humildade tem propriedades que permitem reequilibrar os desejos que queimam os afetos humanos e libertar das cobiças ávidas que desvairam loucamente a existência, pela perda do verdadeiro rumo e do sentido do essencial. Por isso, humildade é modo de ser e de relacionar-se, sem perder o sentido de sacralidade presente em cada outro.

Aqueles que, como Jesus — recorde Mt 11,29, quando ele se diz "manso e humilde" —, assumiram a vida dentro da moldura da humildade, movidos por paradigmas fascinantes de querer bem, de oferta de si, de ternura e respeito, de simplicidade e acolhimento, concorrem com os espetáculos que atraem passageiramente. O mundo, por eles, se convence de que vale a pena não ser calculista, idólatra. Só vale a pena robustecer-se de amor.

Ética e interpretação

Cada indivíduo é sempre o sujeito de processos de interpretação. Vive-se de interpretações. Tudo depende da interpretação que se dá a gestos, falas, pessoas ou circunstâncias. A vida prossegue ou se emperra na proporção da capacidade de cada indivíduo de interpretar. O sábio é considerado como tal menos pelo tempo que conta de vida vivida mais do que por sua capacidade de interpretação.

A interpretação é o estágio de apropriação devida ou inadequada que o sujeito consegue fazer do que lhe é dado apreender. A riqueza ou a pobreza do sentido que sustenta a sua vida depende da capacidade menor ou maior de interpretação. A interpretação é, portanto, o vértice de uma confluência entre a procura feita pelo sujeito, atendendo a uma necessidade sua, insubstituível, e a entrada mais profunda no bojo da real significação do que se fala, do que se faz ou do que é. A interpretação como processo é que revela a mais intensa ou a mais superficial proximidade do sujeito com a verdade dos fatos, das pessoas e das circunstâncias.

Na verdade, a interpretação está intimamente ligada ao processo de compreensão, que é determinante da qualidade do interpretar. Por isso, o que se é passa a ser aquilo que se consegue interpretar. A compreensão determina, enquanto processo, o modo de ser de cada pessoa. Consequentemente, não compreender ou compreender inadequadamente significa ter reduzidas as possibilidades de ser em plenitude.

À primeira vista, essa questão parece ser de muito difícil explicitação. No entanto, aquilo a que se refere tem a ver com todas as circunstâncias da vida, desde as mais comuns até as mais complexas e determinantes dos rumos da vida e da história. A compreensão geradora de uma determinada interpretação tanto está presente numa conversa entre duas pessoas, que pode estabelecer entre elas uma relação de inimizade ou cooperação, quanto pode determinar as escolhas bélicas de grande amplitude, daqueles que, através de interpretações distorcidas, apresentam justificativas perversas para os seus atos.

O grande desafio surge quando se torna real a bifurcação entre racionalidade e afetividade na configuração do processo de compreensão. Compreender claramente não é apenas um processo da racionalidade humana, apesar de esta ser determinante e influenciar a consciência de cada pessoa e, consequentemente, seus comportamentos e suas escolhas. Não é raro que a racionalidade, tão necessária para a lucidez dos processos de compreensão e interpretação, se torne refém de esquemas mentais que estreitam a possibilidade de desenvolvimento desses processos. As consequências incidem sobre os comportamentos coletivos e institucionais; definem a amplitude dos horizontes balizadores das instituições e têm o poder de formatar o *modus vivendi* das pessoas. Mas o processo de compreensão, com a consequente interpretação, é influenciado também por demandas afetivas, de acordo com a qualidade das dinâmicas afetivas que presidem e orientam os sentimentos, escolhas e atitudes.

A subjetividade humana acolhe entre suas fronteiras essa confluência, que repercute decisivamente na qualidade dos processos pessoais e sociais. A proporção das dosagens de racionalidade e de afetividade define tanto a obtusidade de grupos e pessoas quanto a sua lucidez e audácia no encaminhamento da vida e da história.

Não há um controle capaz de mensurar, nesse processo, as ocorrências de racionalidade e de afetividade, em sua exata proporção. Por isso, é comum ouvir falar de tantas arbitrariedades, de muitas perversidades, ao mesmo tempo em que um considerável número de pessoas tenta justificar seus cargos, suas opções ou suas atitudes, ainda que estejam em rota de colisão contra princípios éticos norteadores do novo que se precisa conquistar, ou da resposta diferente que cada tempo requer. A sabedoria, para a correção das possíveis distorções e para a conquista da necessária lucidez nos procedimentos interpretativos e seus desdobramentos, virá à medida que todo processo de compreensão se balizar por princípios éticos e tiver sua dinâmica de funcionamento voltada para a procura desses princípios. Assim, a compreensão geradora da interpretação se localiza para além de justificativas emocionais, evitando os comprometimentos éticos que tantas vezes promovem injustiças, rupturas e obtusidades. Só os princípios éticos garantem a lucidez dos processos de compreensão e interpretação.

Ética e liberdade de imprensa

A discussão sobre ética e liberdade de imprensa será sempre atual. Sua constante atualidade deve-se à inevitável vulnerabilidade humana, e se sustenta na busca insubstituível e permanente da verdade. Essa busca é de fundamental importância para a conquista de toda consistência duradoura, na dimensão do humano, das relações políticas e do tecido social. Trata-se de uma busca que nos encaminha a uma fonte inesgotável: a própria verdade. Todos têm, portanto, a condição de peregrinos. Ninguém é dono. Todos são igualmente caçadores. A conduta individual, comunitária e social será sempre o palco dessa dinâmica de procura. Há sempre modulações a fazer. Ninguém está isento. Há de se investir na própria conduta. É imprescindível que se diga sempre a verdade. Mentir é crime. Enganar é torpe.

Assim, qualquer mecanismo de controle jamais pode ser compreendido como atendimento momentâneo de interesses. Se assim for, será certamente a fonte de autoritarismos e de roupagens que encobrem fragilidades que em si precisam ser expostas, até mesmo para receber indicações necessárias para seu processo de correção. O controle da liberdade de imprensa localizar-se-á, para ser justo, nos parâmetros da ética. Por isso, as exposições públicas dos mais variados assuntos, situações ou pessoas não podem prestar-se, também, à satisfação de instintos mórbidos e perversos; ou a favorecimentos e a buscas arbitrárias de metas que o tempo revelará como pretensiosas e pouco propícias ao bem de todos. Este será sempre um valor que presidirá a busca da verdade. Pesa, portanto, uma grande responsabilidade no exercício da liberdade de imprensa, destacando-se o seu compromisso inarredável de construir e formar a consciência social e política calcada na verdade. Há de se evitar ou superar o jogo tácito de fazer de conta que se disse a verdade e fazer de conta que inverdades sejam tidas por verdades. Com a verdade não se pode brincar interesseiramente. A coerência deve ser uma questão de princípio para todos.

Por ser assim, a discussão acerca da liberdade de imprensa deverá ser submetida, inevitavelmente e sempre, aos cânones da ética, único referencial que possibilita a necessária ultrapassagem de qualquer manipulação de valor e de toda tentativa de justificação de interesses meramente partidários. Só parâmetros éticos são capazes de garantir as devidas isenções. É perigoso incorrer no erro de ser facilitador de comprometimentos éticos. É grande, nesse contexto, a pertinência do dito de Jesus ensinando aos seus discípulos como contracenar com o que pertence aos liames da consciência; com aquilo que configura o contexto da vida privada e o lugar ocupado por todos nos diferentes cenários da vida social e política: "De fato, nada há de escondido que não venha a ser descoberto; e nada acontece em segredo que não venha a se tornar público" (Mc 4,22).

Jesus pronunciou essas palavras no âmbito da relação pedagógica, mestre e discípulos, para acentuar a grandeza e importância da conduta pessoal, social e política. Não se pode descuidar. O cuidado com a edificação da conduta ética inclui enormes desafios que exigem a capacidade de sacrifício, o sentido de oferta e a extirpação de todo tipo de interesse meramente pessoal, grupal ou partidário. Cada pessoa vale pela honradez de sua conduta. É hora de voltar ao tempo em que o empenho pela conduta pessoal honesta e transparente tinha propriedade de configurar o tecido social e as relações institucionais.

Para se ter a consciência tranquila a respeito do que se publica, é preciso pautar as escolhas, comportamentos e prioridades no princípio simples da honestidade. Será inevitável sofrer as consequências dos relaxamentos éticos e morais da conduta. É preciso saber suportar a disciplina própria e exigente da manutenção da integridade. Não se pode querer ser sem carregar o ônus do esforço de tal conquista.

Em questão, de verdade, está o apreço que se há de cultivar pela Verdade. Esta é o antídoto necessário para combater o gosto pelas facilidades; evitar as manipulações; superar o medo do que vem a ser dito; prezar a integridade e ser humilde diante das críticas. A condição de enfrentamento desses desafios está na proporção da integridade da própria conduta e na transparência em grandes e pequenas atitudes.

Não é à toa que Jesus, em diálogo com seus interlocutores, não titubeia ao dizer, por constatar neles a falta de gosto pela verdade e a falsidade no relacionamento: "O vosso pai é o diabo, e quereis cumprir o desejo do vosso pai. Ele era assassino desde o começo e não se manteve na verdade, porque nele não há verdade. Quando ele fala mentira, fala o que é próprio dele, pois ele é mentiroso e pai da mentira" (Jo 8,44).

Ética e liderança

Quando o assunto é liderança, esbarra-se sempre numa das mais desafiadoras lacunas no andamento da sociedade moderna e de importantes instituições. Não são poucos os que se lamentam pela falta de lideranças autênticas e operativas. Muitos atribuem a sua ausência à opacidade doentia de tantos mecanismos institucionais, à falta de direção mais adequada nos rumos da vida atual e à ausência de respostas aos problemas contemporâneos.

Quando se analisam os acontecimentos das últimas décadas, a queixa é generalizada: não há mais lideranças, desapareceram os líderes. Essa é a constatação comum para explicar certa esterilidade nos dias de hoje. A tendência é de fazer comparações, o que talvez seja fruto da ilusão de perpetuar os líderes de outrora, com seus perfis próprios. Mas eis uma alternativa que não se mostra viável. O tempo passa inexoravelmente. É inevitável o ocaso das lideranças. Só a memória, como força de referência, tem poder de conferir-lhes contemporaneidade e lugar na lembrança. O tempo que gesta o líder com ele passa também e ao mesmo tempo.

O tempo atual é muito volátil e de profundas transformações. Os traços e feições dos líderes que estavam em cena, no centro da história, tempos atrás, são diferentes daqueles exigidos pelo momento atual. Passo a passo, estão sendo delineadas as características que as novas lideranças terão que ostentar.

Evidente e incontestável é a dimensão ética para a configuração do novo perfil da liderança moderna. Indispensável em qualquer época, a referência ética tornou-se, na atualidade, parâmetro imprescindível para a formação e afirmação de qualquer liderança, independentemente de sua área de atuação. Ainda que as demais aptidões para o exercício da liderança sejam hoje bastante exigidas, nenhuma supera a dimensão ética. Compreende-se, por isso mesmo, a lentidão desse processo de configuração das verdadeiras e fortes lideranças para os tempos atuais. Essa é uma lição com exigências próprias para sua aprendizagem e prática. Nessa direção, pode-se avaliar o alcance simbólico da liderança, no sentido de explicitar a sua força como suficiente para impulsionar processos, abrir novos horizontes e delinear novos traços e perspectivas. Compreende-se, portanto, que o encaminhamento da vida social clama por lideranças com força de sustentação e capacidade para abertura de horizontes novos.

A liderança possui um incomensurável alcance social. No entanto, a liderança que se busca hoje está muito longe de um modelo ultrapassado, embora ainda muito comum, que faz tudo circular em torno de uma pessoa, tornando-a o centro das decisões. Essa complexidade está desafiando a gestação de novos líderes para o momento atual e explica o vácuo de lideranças. Não faltam candidatos ao poder, aos cargos de mando. Não são poucos os que almejam a ocupação de postos, seduzidos pelo fascínio dos reconhecimentos ou pela patologia dos narcisismos. Mas, lamentavelmente, estão escassos os autênticos líderes.

Entre as exigências para um novo rumo na história se inscreve a necessidade do surgimento de novos líderes. Sem robustas lideranças, não há como se encaminhar, de forma satisfatória, o processo de discussões mais substantivas e de compreensão das questões mais desafiadoras do momento atual. A mudança necessária exige a inclusão de elementos e valores capazes de sustentar processos mais participativos e democráticos. Essa perspectiva precisa de um vetor forte para não permitir o fácil e costumeiro encurralamento dos processos nos âmbitos interesseiros das satisfações pessoais e dos conluios partidários e grupais.

Faz-se necessário investir na formação de lideranças para a condução do mundo a novas direções que apontarão caminhos e alternativas para os graves problemas sociais, políticos e morais contemporâneos. Vários são os procedimentos importantes e necessários. Uma convicção mais clara deve apontar o quanto são indispensáveis os investimentos e conquistas em torno de princípios éticos e referenciais. Esses, tão somente, terão a força de sustentar homens e mulheres, não permitindo a ocorrência comum de fatos em que pessoas de responsabilidade estão capitulando diante de propostas e conquistas interesseiras e distanciando-se do que é essencial. A crise mundial pede mais do que apenas soluções técnicas. A capacitação ética é o segredo para o novo tempo.

Ética e loteamento

À primeira vista, é no mínimo estranho relacionar ética e loteamento. Loteamento diz respeito ao processo de estabelecer e definir porções de terreno ou delimitar num conjunto coisas da mesma natureza. Esse processo não deixa de ter o sentido de um ordenamento. Um ordenamento necessário que organiza a ocupação do solo, evitando conflitos, e que tem também uma perspectiva normativa. Essa perspectiva há de cooperar com a urbanidade, favorecer um padrão social que supere a intolerante exclusão amargada pela sociedade contemporânea, e pode, entre outros aspectos, desmontar os engenhos gananciosos de grileiros, até mesmo as perversas e interesseiras especulações. Refletindo sobre essas questões, podemos encontrar razões para relacionar ética e loteamento. Um procedimento material com ressonâncias e implicações no âmbito que configura as significações e valores importantes para a vida. Não são poucos os conflitos e problemas advindos daí.

Na verdade, a intenção, ao relacionar ética e loteamento, é focalizar uma perspectiva cultural. Pode-se falar hoje em uma "cultura do loteamento". Uma cultura nefasta, que gera a consciência de "ser dono", apagando o sentido imprescindível e norteador de cada um como servidor no que faz, por qualquer razão ou motivação. Nas organizações e nos processos de alocamento das pessoas nas instituições e nas instâncias que compõem a vida social, política e religiosa, ocorre também o processo de loteamento. A dinâmica que passa a presidir tal processo é aquela que constrói os muros e adota delimitações impeditivas da entrada de outros, dos necessários confrontos, discussões e discernimentos participativos. Há um cerceamento que compromete cooperações importantes e inviabiliza a indispensável supervisão que há de se oferecer e garantir nos seus processos.

A cultura do loteamento tem raízes históricas fundas e longínquas. A detecção dessas raízes é um procedimento que inclui muitos estágios e tem uma complexidade própria. Bastaria acenar para a compreensão feudal da vida e da organização social para se apontar percursos que deixaram heranças para os componentes da cultura do loteamento. As consequências são drásticas porque enrijecem os modelos de atuação institucional, criando dificuldades, senão impedimentos, para uma participação mais lúcida dos diversos atores sociais na administração dos bens públicos.

A cultura do loteamento tem engrenagens que são alimentadas muito fortemente pelo imaginário e pelos interesses dos indivíduos herdeiros da tradição burocrática. Como exemplo, pode-se tomar o dinheiro. A adoção de procedimentos para tratar como lote o que se faz, onde se trabalha, está em estreita relação com o que se pode ganhar. Ganhar muito e sempre mais é determinante no cultivo da cultura do loteamento. Muitas vezes nem é preciso ganhar mais do que outros segmentos da sociedade e da própria instituição. Loteia-se para que não ocorram riscos de perdas ou surgimento de ameaças. Chega-se até a barganhas, sofisticando-se os loteamentos.

Nessa cultura, há, inevitavelmente, um comprometimento ético. É válido citar alguns desses comprometimentos por seus efeitos daninhos na construção de uma sociedade justa e solidária, e no sentido efetivo de respeito e promoção da cidadania.

Quando se trabalha sob o signo da cultura do loteamento, ocorre o comprometimento ético do sentido do trabalho. A antropologia fundamental do sentido do trabalho é vocacional. Trata-se de uma ação da criatura, por convocação amorosa do criador, atuando nos processos de criação e recriação da vida e do mundo. A perda dessa perspectiva essencial incide e compromete o sentido intrínseco do serviço prestado aos outros e à humanidade. O sentido primeiro do trabalho é servir; o dinheiro que se ganha para garantir o sustento é, ou deveria ser, consequência natural de um trabalho honesto. Cada ação humana guarda como pedra fundamental e de sustento o serviço prestado. Essa é a direção que não permite o estreitamento dos canais que levam à conquista da realização pessoal. O quanto se ganha, para além do necessário, nunca garantiu a felicidade nem a verdadeira realização pessoal. A incompreensão e a insensibilidade a esses parâmetros explicam as inseguranças que geram os medos, os medos que justificam as manipulações, alimentam as defesas e reforçam os loteamentos.

Todas as instituições carregam os desafios gerados pela cultura do loteamento. Jesus, uma vez, tratando terapeuticamente o assunto, contou a seus interlocutores que padeciam do mal da incompreensão e da insensibilidade a esses parâmetros, a parábola dos vinhateiros homicidas, no evangelho de Marcos (Mc 12,1-12). Ele mostra ali as raízes e as consequências terríveis dessas dinâmicas, apontando uma saída.

Ética e martírio

Há um quadro da história e da vida humana que inquieta, de modo muito intrigante, todos aqueles que o contemplam. É o martírio. Homens e mulheres de diferentes condições sociais e de diversos momentos da história da humanidade, particular referência aos dois mil anos do cristianismo, enfrentam a perversidade da morte com uma serenidade que impressiona. O martírio é desconcertante. Fácil é responder à pergunta sobre as razões daqueles que, arbitrariamente, comandam a maldade ceifadora de vidas. As ideologias sempre articulam argumentos variados para justificar, em tantos momentos, atitudes responsáveis por tirar a vida e o sagrado direito à liberdade alheios. O substrato ideológico instalado nas diversas culturas, grupos ou indivíduos, joga luz sobre as razões e justificativas, capazes de explicar as bárbaras execuções, a dureza das prisões e as arbitrariedades dos poderosos da história.

Todos sabem o quanto a maldade é criativa para produzir os espetáculos que na história deram, dão e darão largas à morbidez de corações que encontram prazer na violência e na perversidade. Uma perversidade que tem no seu reverso a incontinência do desejo desarvorado de poder muito, sempre mais, e de não deixar, a todo custo, de poder. Para tudo isso há uma cura, com um único remédio. O remédio se encontra naqueles que enfrentam, com serenidade espetacular, a força avassaladora dos perversos do mundo. Os mártires têm uma lição sempre atual para curar a maldade que destrói.

Vale a pena focalizar as raízes mais profundas, geradoras do sustento dos mártires de todos os tempos, na serenidade que fascina e aponta um algo mais nem sempre evidente para todos. Porque à ausência deles, observamos um quadro onde campeia solta a maldade nas violências multiplicadas, nas tiranias das explorações e na frieza que não deixa vir a prodigalidade dos afetos fraternos na geração da irmandade universal tão necessária.

Ninguém morre porque quer morrer. Ninguém gosta da morte ou a deseja. O medo de morrer, particularmente pela não compreensão adequada da irmã morte, compromete o equilíbrio emocional, fazendo com que se procure viver a qualquer preço. De onde vem, então, a força que sustenta os mártires na audaciosa coragem de morrer por alguém, por algum ideal, ou por algum projeto de vida? A resposta a essa pergunta é a compreensão das alavancas sustentadoras da destemida coragem para o martírio, espelhando uma lucidez que ultrapassa e fazendo compreender o que significa a expressão bíblico-neotestamentária: "ver o invisível" (Hb 11,1ss). De fato, a visão do que é tão evidente e que facilmente se apreende na superfície dos fatos, circunstâncias, condições de vida ou até mesmo das convicções norteadoras de gestos e escolhas, não é suficiente para garantir a coragem do martírio. É preciso ser capaz de ver o invisível, e o invisível não é apenas referência ao que se esconde. Na verdade, trata-se de algo manifesto, que não se dilui nas circunstâncias aparentes de tantas coisas tão efêmeras. Há um modo de se ver o algo mais, que é invisível, mesmo contemplando o que compõe a fugacidade do evidente. Quando se consegue alcançar a sabedoria de que tudo é passageiro, entra-se no limiar da capacidade de ver o invisível. Obviamente, quem vislumbra o invisível descobriu que o mais importante está para além, vai chegar ainda, tem de ser procurado. É próprio do coração humano, mesmo se atolando nas estações intermediárias, mover-se pela procura e pelo encontro do que é mais importante.

Essa dinâmica, existencialmente, exige esforço de procura e o deslocamento de si mesmo para um outro ou para valores maiores, e faz nascer a condição audaciosa do martírio. Pouco a pouco, emerge no agir da pessoa uma conduta que revela o algo mais que suscita perguntas curiosas e ganha força missionária que advoga e convence a respeito da existência de razões que ultrapassam as mesquinharias.

O martírio cristão tem no testemunho de Cristo Jesus – o mártir do Pai, por obediência amorosa – aliança selada para garantir a salvação da humanidade, o alcance e o sentido de paradigma. Sua imitação corajosa explica e responde a perguntas, suscita observações que interpelam, apontando que há de se procurar o mais importante, que estará sempre por chegar, dando uma modulação diferente a escolhas, atitudes e modos de viver.

Ética e mentira

"Mentiroso e pai da mentira" (Jo 8,44). Trata-se de uma denúncia. Talvez a mais dura. Dói muito. Não há quem suporte ser chamado de mentiroso. Nem mesmo os mentirosos aceitam essa acusação. Aliás, esses a detestam e tentam provar, ardilosamente, o contrário. É comum fabricar argumentos para tal finalidade. Quanto mais verdadeira é a denúncia, mais numerosas são as artimanhas de linguagem e de procedimentos para camuflar e enganar. É comum jogar a culpa nos outros. Os mentirosos são ferozes e defensivos. É difícil assumir. Talvez porque toda pessoa seja marcada por uma íntima tendência para a verdade. Não é raro, no entanto, ver concretizado o dito popular: "Mente com a cara mais limpa do mundo". A máscara, em todas as situações, traz aquele ilusório refrigério.

A denúncia destacada acima foi feita por Jesus no coração da vida dos seus conterrâneos. Não se referia a uma questiúncula qualquer. Denunciando, ele colocou o dedo na chaga mais purulenta da vida de sociedades e organizações. A chaga que nasce da ganância pelo dinheiro. Jesus, por isso, identifica o inimigo, o diabo, com o dinheiro. O dinheiro entendido e assumido como o motor oculto e todo-poderoso que corrompe pessoas e instituições. A reprimenda alerta para o risco de se definir a ordem a partir do poder do dinheiro. Nele se concretizam a maldade e a hostilidade contra a humanidade. De novo, repete-se a divisão que bem se retrata na linguagem simbólica pela figura da serpente primordial.

O sujeito ético é aquele que reconhece a verdade e vai ao seu encontro, como bem decisivo e insubstituível, avesso a qualquer duplicidade e rejeitando toda falsidade. O sujeito ético se torna, então, na sociedade e nos relacionamentos, agente da verdade, cuja dinâmica gera a autêntica liberdade, a qual se constitui na força geradora da vida. Sua manutenção é a fidelidade. A fidelidade à verdade é o processo que recompõe a unidade interior necessária para prosseguir permanentemente na direção da verdade. É exemplar ter presente a paixão dos profetas que, na sua fidelidade à verdade, não tiravam do seu horizonte de compreensão e de consequente ação o sentido verdadeiro e a promoção da vida. Daí sua obstinação pela prática da justiça e dos seus valores.

A linguagem é o meio de revelação e de construção da fidelidade à verdade. A procura da verdade constitui para cada pessoa a dinâmica exódica, a saída de si, a necessidade de permanentemente se demover da pretensão comum de ser seu dono. Por isso, a construção interior, enquanto conquista da verdadeira liberdade, pede o gesto simples e corriqueiro de sempre se dizer a verdade. Não conseguirá dizer a verdade ao outro quem não a constrói diariamente dentro de si mesmo. A mentira revela as mais profundas inconsistências do tecido interior de cada pessoa. Essa consideração vale para pequenas e grandes coisas. A fidelidade está nos sentimentos, nos propósitos, nas promessas, nos projetos, em tudo.

Toda palavra pronunciada é uma promessa feita ao destinatário. Por isso, toda mentira é grave violação do respeito à dignidade de cada pessoa, traição da confiança depositada. Mais grave é quando a mentira se torna o artifício defensivo para atacar, destruindo aqueles que fazem o bem, no desejo de conquista da própria afirmação. Esse é um caminho minado. A mentira é, pois, um veneno altamente destruidor de si, dos outros e das engrenagens institucionais e sociais. Fonte dos grandes fracassos.

Eticamente, a mentira tem dimensões aviltantes, contagiosas e involutivas, sublinham os estudiosos desse campo do saber. Aviltante porque atinge o outro, o que se torna mais grave quando se trata do pobre e do indefeso. Insuportável é a força manipuladora da mentira, que chega a constituir quadros graves de dominação e condicionamento dos indefesos, perpetuando privilégios oligárquicos e desumanos. Contagioso é também o veneno da mentira, enquanto máscara de quem mente e induz à ilusão de que compensa usar a mentira como parâmetro de vida. A dimensão involutiva da mentira abriga as consequências do fechamento ao diálogo, único meio de construção participativa e transparente da vida. A mentira será sempre, em qualquer de suas formas, um atentado contra a comunidade e contra a vida. Por isso, o dito proverbial que indica o caminho novo: "O Senhor abomina os lábios mentirosos e se compraz nos que agem com sinceridade" (Pr 12,22).

Ética e morte

"Ó morte, onde está, ó morte, a tua vitória, a tua vitória?" (1Cor 15,55). Essa pergunta ecoa forte, hoje, nos corações. Morreu Cristo Jesus, o Salvador da humanidade. Sua dolorosa paixão e sua morte cruenta envolvem esse grito que, mesmo aos mais indiferentes, incrédulos e até aos alienados por opção revela o grande drama humano do fim. Cedo ou tarde a morte chega. Até mesmo quando os avanços científicos garantem um tempo a mais. A morte é inexorável. É o centro do drama humano. A ideia de morte aterroriza o homem. Sua proximidade reverte posturas humanas dos que pregam a confiança em Deus. A indiferença é a resposta comum à sua inevitável ocorrência. É cômodo forjar a sensação ilusória de que a morte não vai chegar à sua vida, não vai bater à sua porta. O medo da morte gera atitudes até absurdas, traduzidas nos egoísmos doentios de tantos gestos e nos fechamentos que têm impossibilitado a solidariedade humana, única saída para os graves problemas da atualidade. Ele é o grande entrave para uma compreensão salutar, que está para além dela mesma. Os comprometimentos daí advindos são sérios e responsáveis por drásticas arbitrariedades.

Há quem viva como se não fosse morrer. Essa ilusão se revela nos apegos que acionam os desejos de manipulação, na ganância pela posse do que é passageiro como se fosse eterno. A falta de consciência da própria condição mortal dá luz a monstros no mais recôndito de cada ser humano. À medida que cresce essa indiferença pela morte, em proporção cresce também o número de arbitrariedades que matam e de interesses particulares e partidários que justificam engrenagens com força de impedir soluções em tantos campos da vida social e humana. Esse é o preço que se paga por uma cultura que vai aceleradamente perdendo o sentido humano da experiência da morte. Como consequência, perdem-se o sentido da oferta e a ciência fundamental do essencial da vida. Troca-se facilmente o que vale por aquilo que é efêmero. Não rara é a atitude de conferir caráter absoluto àquilo que é tão relativo.

A secularização está impondo um ritmo de compreensão que vem comprometendo o interesse pelo essencial e por tudo o que é transcendente. Assiste-se a uma destemperada absolutização da vida terrena, comprovada nos modos de viver, nos interesses, na organização social e no tratamento perverso dos mais pobres e indefesos da terra.

A morte de Cristo, no enquadramento único do seu sentido de oferta radical e obediência amorosa ao desígnio salvífico do Pai de todos, abre o importante capítulo da necessária e justa compreensão do sentido da morte. Para além do medo ou das suas feições de fracasso, compreensão por razões meramente humanas, a morte é experiência de oferta com consequências determinantes para a recriação da vida e para sua conquista definitiva.

Em jogo está a incompreensão para a resposta à lancinante pergunta a respeito do destino depois da morte. Essa obscuridade lança homens e mulheres, de modo desarvorado, no turbilhão de tudo ganhar, ter, desfrutar e gozar, num contexto em que tudo é fugaz, e não consegue guardar o sentido mais autêntico e duradouro da felicidade por todos procurada. Só há uma resposta que devolve a paz ao desassossegado coração humano. Essa resposta é a morte dolorosa e oblativa de Cristo no alto da Cruz. Ele entra no mistério da morte e resgata a condição de não permanecer nela, garantindo a toda a humanidade a vitória da vida. Esse é o jogo que desafia a qualidade e as direções da vida humana em qualquer tempo ou idade. Não existe nenhuma outra fonte que gere a cristalinidade da insubstituível sensibilidade humana, que fecunda o sentido do que está para além, e nele engendra o tratamento da vida como dom, mesmo, e sobretudo, se tendo em mente a fugacidade da vida.

Os calvários da humanidade, pequenos ou grandes, mais ou menos dolorosos, perpetuam-se como consequência da perda da sensibilidade humana e do sentido verdadeiro da morte. Por isso, ela visita a tantos, lamentavelmente, como resultado de violências, de desmandos, de concepção inexata de poder e de razões outras que obscurecem o seu único sentido de dom de Deus, dele recebido e a ele oferecido. Oferta que garante, como a morte de Cristo, a oferta das ofertas, a vitória da vida sobre a morte.

A concepção tétrica da morte, matizada pelas circunstâncias absurdas das ocorrências variadas na sociedade contemporânea, vai obscurecendo a originalidade da fé cristã no seu inseparável binômio: morte e ressurreição. Nessa concepção eis a fecundidade do silêncio deste dia, é que se compreende a morte como trânsito pascal. O Senhor da vida entra no mais fundo do mistério da morte. Lá não permanecerá. Sua volta, pela força amorosa de Deus, será a resposta à pergunta de hoje: a vitória é da vida e não da morte. Cristo ressuscitou!

Ética e Natal

Hoje, mais do que nunca, os votos natalinos precisam ganhar maior consistência. Deve-se dar a eles um sentido a partir do que eles significam. A consistência desejável advém da riqueza inesgotável contida na essência da comemoração do Natal, um nascimento que a todos envolve anualmente. Algo está obscurecido, ou não suficientemente claro. Basta avaliar a relação entre dignidade humana e condições de sua promoção e respeito, nas diferentes circunstâncias da vida social, pessoal e familiar. É calamitosa a desfiguração da nobreza da dignidade humana, em gestos e palavras, nas dinâmicas organizacionais, na manutenção de infraestruturas e particularmente na pobreza do relacionamento humano, atingido pelas conveniências e partidarismos que obscurecem o verdadeiro caminho. Há um comprometimento ético de base que amedronta.

É incontestável que há enfeites, e também mecanismos que escondem realidades. Ora, a compreensão mais autêntica da celebração do evento natalino desnuda o clamor pelas transformações, que somente um novo sopro de vida pode trazer. Essas transformações são urgência urgentíssima em muitos setores e âmbitos que configuram o conjunto da vida contemporânea. Porém, é sempre muito fácil obscurecer o essencial de pessoas, de fatos e de circunstâncias importantes da vida. Não é raro comprometer-se, e até desconhecer-se, a significação maior de um evento. As razões para tais ocorrências são variadas, revelando as estreitezas do humano e a condição frágil de cada um. Há, por isso, uma necessidade a ser atendida, que está no cerne da significação do Natal. Trata-se de um resgate redentor. Sua não detecção compromete o sentido central de sua celebração. Desastrosa é a consequência dessa perda de sentido autêntico. A festa passa muito fortuitamente. Do eterno pouco fica. O segredo é essa redenção. De sua demanda ninguém escapa. Ela é subjacente, mesmo quando se queima de orgulho, ou quando há pretensão humana ou miragens comuns que ilusoriamente mantêm como permanente o que é passageiro. Não é difícil viver de ilusões e alimentar-se do que não debela a fome verdadeira. Aos desnutridos do essencial, não é incomum descurar princípios, modulá-los segundo interesses ou dar-lhes as molduras de dinâmicas estreitas de compreensão, mantendo práticas embasadas em concepções ultrapassadas, inócuas, vazias.

A doença da superficialidade, agravada pelo imediatismo que corrói e pela necessidade do atendimento de demandas pouco consistentes, é um fato da vida humana, hoje. Na verdade, uma doença de todos os tempos. Por isso, há de se ultrapassar as meras formalidades dos cumprimentos, e até mesmo empreender processos que efetivem a relativização da indústria dos cartões, bem como da comercialização, que obscurece a luz própria do tempo do Natal. O vazio de palavras proferidas e a esterilidade das repetições, nas frases ou nos ditos, desafiam a compreensão do Natal no seu sentido próprio. O seu sentido próprio ainda se esconde.

O obscurecimento do sentido verdadeiro do Natal, pelos contornos variados e postiços que a sua celebração recebe nas diferentes situações e âmbitos da vida, comprova o assoreamento da fonte insubstituível que está na base desse evento, envolvendo a todos, em tudo. Corre-se o risco de não se ter suficientemente presente o significado fundamental e as incidências existenciais da encarnação do Verbo, Cristo Jesus. Esse é o mistério central da celebração natalina. Não é apenas mais um menino que nasce. Não é só a alegria de um filho que chega. O que há de especial no ato de nascer, capítulo próprio e inesquecível da história de cada um, na alegria de uma chegada, é a sua singularidade. Tal singularidade se revela na condição de Deus, pessoa infinita e transcendente ao mundo, que se aproxima de todos, tão próximo, não podendo ser mais, pela condição humana, igual em tudo, excetuando a condição frágil, nomeada pela linguagem da teologia como pecado. Para nos resgatar do pecado, Ele veio.

No acontecimento da encarnação do Verbo de Deus, Cristo Jesus, é dada a revelação inusitada de uma lógica que a tudo ultrapassa, enquanto Deus assume, sem deixar a sua condição divina, a condição humana. O fato poderia ser um, senão o maior, espetáculo da ação sempre magnânima de Deus, algo próprio de sua condição e do seu poder. Na verdade, a história recebe a indicação perene da dinâmica que faz buscar o que não passa. Uma indicação localizada nas condições passageiras que conformam a dinâmica do próprio tempo. Esse acontecimento constitui o princípio ético fundamental e insuperável da associação do amor a Deus e ao próximo como garantia da significação autêntica desse mesmo amor. Só por isso, "O Verbo se fez carne, e veio morar entre nós" (Jo 1,14). FELIZ e ABENÇOADO NATAL, votos para se ter coragem de amar.

Ética e norma

A sociedade mundial se constitui hoje num cenário do qual participam atores diferentes com as mais diversificadas atitudes. O sentido da liberdade e a conquista da autonomia propiciam a cada um o direito de balizar suas prioridades e de configurar suas próprias perspectivas. Por isso, as atitudes que caracterizam o comportamento humano na atualidade ferem permanentemente o parâmetro do necessário equilíbrio que deve definir a conduta pessoal e social. Quanta coisa exótica! São estarrecedoras as perspectivas de vida que muitos definem para si mesmos. A diversidade de escolhas, de atitudes, de experiências, de objetivos grupais, de razões e de metas revela um mundo em que há lugar para todo gosto. Os meios de comunicação, fazendo ponte com os mais distantes rincões da terra, dão a conhecer tudo o que está matizando, como uma colcha de retalhos, o cenário mundial. Copia-se, adapta-se, e novas feições são inventadas. Trata-se de um verdadeiro carnaval de diferenças esdrúxulas que redefinem posturas, modos de vestir de muitos, costumes de tantos e adesões curiosas de um incontável número. A consequência é que muitos pensam o mundo como uma grande confusão, um descompasso: para com ele conviver é melhor ficar alheio, nada fazer. Por outro lado, pode-se também ver, bem ali na esquina, cenas que revelam a compreensão humana, suas motivações e prioridades, como também seu desafio na falta de uma consistência advinda unicamente de princípios sólidos e ancorados na profundidade da ética.

Os fluxos e refluxos no cenário da sociedade mundial fazem oscilar o pêndulo de equilíbrio entre os opostos da rigidez e do laxismo. Aqui se estampa a séria lacuna da referência transcendental, capaz de livrar o mundo das tiranias, das arbitrariedades, do individualismo e da incapacidade humana de estabelecer e manter laços duradouros no âmbito das relações. Quando a norma necessária para balizar a convivência social e eleger paradigmas de referência não encontra a sua fonte, o resultado será o descambar para a delinquência na ordem social, atingindo frontalmente o pessoal.

O desafio posto no âmbito das diferentes culturas e do ordenamento das relações sociais, familiares e pessoais é não perder de vista as fontes inspiradoras das normas, que passam a reger o comportamento humano, através da sua introjeção. A esta altura a ética é a única fonte capaz de garantir normas que propiciem a harmonia desejada ao comportamento humano. Aí reside a possibilidade das necessárias correções e dos novos balizamentos como remédio para a perda de rumos e para o natural envelhecimento das próprias normas.

Quando impera a desatenção à ética como fonte inspiradora, instaura-se o risco perigoso da anomia – a falta de lei –, que inclui também a dimensão da onipotência do indivíduo, que define, com efeitos danosos para os outros, as suas próprias normas. Ou o risco da tirania autoritária da norma, que desconhece inspirações e clarividências que só da ética podem provir. Só as incursões éticas garantem a superação do risco da rigidez e do laxismo. Assim como a redenção de toda norma da sua natural caducidade.

O retorno permanente à ética é o processo contínuo de aprendizagem da ciência dos valores, visando garantir a fundamentação necessária das normas, que definem comportamentos, balizam funcionamentos e garantem o sentido do direito e o compromisso com a justiça. A discussão em torno do que tem poder de fundamentá-las é um longo percurso no qual se garante a qualidade de todo processo ético-normativo.

Obviamente não se pode excluir do processo a razão humana. Em que pese a consideração do quanto a hegemonia da racionalidade trouxe prejuízos, a razão humana não pode deixar de atuar no processo, sob o risco de se incorrer em subjetivismos ou outros ismos que inviabilizam a possibilidade de um itinerário clarividente, como se faz necessário, para uma autêntica definição ético-normativa.

Com outras contribuições essenciais, o momento pede o esforço e o investimento na compreensão da racionalidade para garantir luzes a outros tantos percursos.

Ética e oligarquia

A complexidade e a sofisticação dos processos modernos de gestão, tanto na administração pública quanto no setor privado, não têm conseguido concretizar os avanços significativos tão esperados pelos mais pobres da terra, para uma mudança mais radical no tecido social, em cujas feições se desenha um retrato vergonhoso para a humanidade dos tempos atuais.

A reflexão a respeito da ineficácia desses procedimentos, "inteligentes" e muito bem pagos, gera perplexidade e revela a multiplicidade de entraves à consecução dos objetivos. O mundo continua a ser palco do calvário de miseráveis e deserdados, que morrem de fome, de doenças e de tantas outras privações, um verdadeiro esmagamento silencioso de populações e culturas. Fica evidente, pois, que outro caminho precisa ser percorrido para abrir a porta de uma nova compreensão que abrace perspectivas e prioridades mais adequadas às funções exercidas, desde as mais simples até aquelas responsáveis pela manutenção de funcionamentos mais complexos.

Há de se convir que uma questão crucial está na mentalidade reinante, totalmente avessa às mudanças necessárias à superação dos emperramentos graves que retardam as respostas sociais. Como todos sabemos, mentalidades enraizadas e preconceitos não são mensuráveis, daí a dificuldade de se avaliar, em números, o prejuízo por eles causado. O que podemos perceber, com clareza, é a camisa de força que reveste as possibilidades de avanço nas conquistas sociais.

Não se trata de algo distante, localizado noutro planeta, que não possa afetar o cidadão comum que anda pelas ruas, aqueles que trabalham para o seu sustento ou mesmo as instituições mais respeitáveis por seu histórico ou por sua capacidade de produção. Pode-se, imediatamente, pensar no funcionamento de governos que, mesmo configurados a partir de opções ideológicas que privilegiam o social – por uma postura de caráter libertário –, não conseguem a prometida exequibilidade documentada nas promessas de campanha ou nas suas agendas de ação. O mesmo fenômeno pode ser verificado em instituições das mais diversas identidades. Isso pode acontecer mesmo em âmbitos localizados fora da lógica do lucro ou de outros interesses determinados pelo poder dos números, dos ganhos e da afirmação de interesses.

Quem, então, mantém essa camisa de força que impede o andamento de processos capazes de configurar o social e outros âmbitos da vida e das relações em perspectivas diferentes? Perspectivas que permitam mudar a feição de sociedades estruturadas em injustiças institucionalizadas, para funcionarem em dinâmicas mais participativas, capazes de justificar o merecimento da adjetivação de justa e fraterna. O veneno das mentalidades cristalizadas por visões míopes, em virtude de interesses muito localizados ou pouco abrangentes, é tão forte que Jesus o chamou de fermento perigoso. Não foi à toa que Ele advertiu os seus discípulos deste risco: o perigo de invalidar tudo e permanecer no atendimento apenas de interesses de grupos que representam um insignificante percentual no conjunto de uma sociedade.

Na verdade, a mentalidade cristalizada, em princípios, interesses e visões não suficientemente amplos e marcados pela dinâmica da circularidade – princípio tão importante na ciência da hermenêutica, que treina para a adequada interpretação –, cria o poder da oligarquia. A oligarquia dos que detêm a fatia maior da economia, impedindo governos, que se submetem, de avançar na direção que garante o alcance de suas urgentes metas sociais; oligarquias do saber, que se acomodam em circunstâncias convenientes, não produzindo as discussões esclarecedoras e com força mais iconoclasta; outras oligarquias que se apropriam das inovações e perpetuam dinâmicas e funcionamentos, atrasando a hora deste tempo, que assim mesmo passa sem voltar atrás.

Ética e paz

"A paz esteja convosco!" Não existe saudação mais completa do que essa. Sua significação tem força radical de sustentação e de garantia. Seu alcance articula sérias exigências de comprometimento. Além de dignificante, essa frase tão sintética revela amplitude no gênero dos votos que se formulam. O objeto dos votos, a paz, tem raízes e o seu alcance está para além de evidências comuns e de circunstâncias corriqueiras. Embora reservada mais habitualmente a ocasiões especiais, essa saudação deve fazer parte da atitude nobre de urbanidade de cada um, assim como se diz "muito obrigado", "agradecido", quando se recebem ajudas e favores, pequenos ou grandes. Particularmente, ela tem razão de ser, devendo brotar dos corações, quando se faz a necessária retomada nos diferentes ciclos da vida, ainda que seja o simples fato de iniciar uma nova contagem dos dias, que se sucedem para compor o tempo fugaz de cada ano. A fugacidade do tempo que passa importa pouco. Tudo passa. Dos votos de paz importa o que recria, permanece e sustenta. Por isso mesmo, essa saudação deve tornar-se, para além das ocasiões especiais, aquela que compromete a todos, em tudo, todo dia e toda hora.

"A paz esteja convosco" ganhou especialidade em razão do coração que a pronunciou, enquanto nascedouro insubstituível e inesgotável da verdadeira paz. Foi Cristo Jesus quem assim saudou seus discípulos, reunidos a portas fechadas, por medo. O mesmo medo que, ontem e hoje, emoldura, explica e nomeia as covardias de tantos que comprometem a verdade; as conveniências de muitos que lutam para garantir seus privilégios e benesses; o autoritarismo que entrava, com impedimentos radicais, as mudanças que cada tempo põe como exigência; as sonegações de todo tipo, em dados, informações ou compromissos, para não deixar entrar a quem e o que deve.

Essa saudação trouxe e garantiu uma mudança radical na práxis dos amedrontados, sujeitos, por isso, à mentira, e emocionalmente localizados na sombra que impede a compreensão, capaz de libertar de leituras comprometidas dos fatos.

"A paz esteja convosco" inaugurou uma ponte entre o coração de Deus e o coração de cada discípulo seu. A consequência imediata é a audácia na busca da verdade, a liberdade de estar nos lugares e por eles passar, como simples servidores, com a capacidade amorosa de se compreender e encontrar o seu próprio sentido de ser na oferta de si. Por isso, todos os que escutam essa saudação se tornam os verdadeiros promotores da paz, a razão de sua mais desejável bem-aventurança. Não há, pois, outra referência para a discussão e adequada compreensão das múltiplas, e até divergentes, compreensões da paz, bem como os modos de sua defesa, promoção e conquista. Assim é que permanece o desafio de compreender a paz para além do simples fato da inexistência ou da trégua de guerras. Menor não é o desafio da superação de um pacifismo que, justificado por um tipo de irenismo, compreende a paz como simples garantia do bem-estar de um grupo, de um povo ou de uma pessoa. Absolutamente insuportável é a concepção de paz que admite o aniquilamento do inimigo, físico ou moral, com o uso de diferentes armas, gerando sistemas destrutivos, comprometendo a vida no mundo. Embora se reconheça a importância de compreender a paz no seu aspecto político e diplomático, não basta enaltecer as cúpulas em seus idealismos de entendimentos e diálogos; é preciso levar em conta a base, as exigências comuns que a todos têm de envolver na cultura da paz.

"A paz esteja convosco" sustenta-se, no coração de Deus, em muitos pilares que propiciam as condições para sua consecução eficaz e efetiva. A garantia vem de lá. Aliás, é graça de Deus. A vivência e a efetivação da paz dependem dos seus promotores. Na lista desses não pode faltar o nome de ninguém. É a única possibilidade de nascer uma verdadeira cultura da paz. Para isso, é preciso compreender a paz como "obra da justiça" (Is 32,17). Por isso, não causa estranheza a afirmação de que o novo nome da paz é justiça. Suas medidas e configuração normativa põem todos, cada um, o tempo todo, predispostos a se deixarem passar a limpo. À paz como "obra da justiça" é preciso aliar o compromisso de uma contundente recomendação apostólica: "Não te deixes vencer pelo mal, mas vence o mal pelo bem" (Rm 12,21). Sustentados por esses dois pilares da compreensão da paz, serão evitados os comprometimentos que interpretações, conveniências e mentalidades tacanhas sempre operam, efetivando descalabros institucionais e inconveniências pessoais. Provar-se-á, de verdade, o agradável sabor do que significa: "A paz esteja convosco".

Ética e perdão

Os diálogos revelam os corações. Diálogos edificam e também destroem corações. É permanente o desafio de dialogar para construir. Não há outro prisma para avaliar os andamentos da vida e do mundo. Os diálogos definem as direções, definem fracassos e ganhos. Uma lembrança forte e significativa vem do diálogo que Pedro estabeleceu com Jesus, entre os muitos que ocorreram no processo do seu discipulado. Naquela oportunidade, ele abordou o Mestre com um dos assuntos mais desafiadores para o coração humano. Pedro dirigiu-se ao Mestre perguntando: "Senhor, quantas vezes devo perdoar, se meu irmão pecar contra mim? Até sete vezes?". Jesus respondeu: "Digo-te, não até sete vezes, mas até setenta vezes sete vezes" (Mt 18,21s).

Esse diálogo do discípulo com o Mestre é o retrato da grande dificuldade do coração humano. A história da humanidade tem contabilizado relevantes perdas e ganhos em consequência da capacidade ou incapacidade de perdoar entre povos, grupos, nações ou pessoas. Não é outra a fonte dos calvários multiplicados de casa em casa, no interior das instituições e no seio dos povos. Sinal de esperança é o perdão que reconcilia, compreende o horizonte certo e dá ao coração a condição de começar sempre de novo.

O perdão é, pois, capítulo fundamental e insubstituível da fé cristã. Cristo Jesus empenha sua vida na oferta radical, que custa a sua morte no alto da cruz para garantir à humanidade o "perdão" dos seus pecados. O resgate da vida se dá com a oferta das ofertas, que garante o perdão redentor. O perdão dos pecados abre o horizonte novo que as alegrias do tempo pascal apontam, celebram e garantem. O perdão é a raiz geradora dessas alegrias. Não perdoar é alimentar as fontes malignas do ódio que destrói corações, temperando venenosamente as relações, criando os sentimentos de vingança, as dinâmicas das ameaças ou as trincheiras homicidas de disputas pelo poder. É incontestável que só se encontra a possibilidade de uma vida cheia de esperança quando se faz a experiência do perdão. O perdão às coisas grandes ou pequenas, palavras ou gestos, omissões ou ofensas. Perdoar, por isso, significa renunciar gratuita e amorosamente a castigar um delito ou uma ofensa, a cobrar uma dívida. Quando se perdoa, sabe-se das incalculáveis repercussões pessoais e coletivas; do significado profundo, humano e religioso, do ato nobre de perdoar. O perdão apaga toda mágoa.

O perdão não é humilhação ou rebaixamento. Perdoar é ato de grandeza. A grandeza de perdoar modula o coração. Elimina os focos de ressentimentos que enfraquecem os corações humanos e evita o crescimento do ódio que, surgido às vezes de um problema insignificante, acaba levando a vinganças sanguinolentas que envolvem indivíduos, famílias, diferentes culturas, até nações, nas muitas guerras e calvários sem propósitos.

Perdoar é, pois, um dos mais necessários exercícios para o coração humano. Por isso Jesus, ao responder à pergunta de Pedro, disse: "Até setenta vezes sete!". Uma medida sem limites. Ele pôs um horizonte que revolucionou os critérios religiosos e humanos existentes ao desafiar a veracidade da fé dos seus discípulos: "Ouvistes o que foi dito: amarás o teu próximo e odiarás o teu inimigo. Eu, porém, vos digo: Amai os vossos inimigos e orai por aqueles que vos perseguem" (Mt 5,43-45).

Perdoar é experiência terapêutica imprescindível para o rumo novo de vidas e de convivência social. Qualquer foco, por mínimo que seja, da incapacidade de perdoar e de experimentar o gozo de receber o perdão é faísca que tem força incendiária, como mostram exemplos tão conhecidos da história, com o desencadeamento de ódios, destruições e perdas graves e sem retorno. Querer perdoar e dispor-se a receber o perdão é garantir a possibilidade de alongar a vida, reconstruir a própria história, curando as feridas que têm enraizamentos profundos nas histórias de vida. De modo particular, é a possibilidade única de qualificar o relacionamento humano, com o ganho de força para sua insubstituível finalidade de sustentar os processos promotores da vida e da dignidade da pessoa humana.

A capacidade de perdoar e de receber o perdão depende de uma significativa maturidade psicológica e afetiva. As interferências psicológicas de ressentimentos, do desejo de vingança, o gosto até inconsciente pelo poder e outros tantos fatores da fragilidade humana retardam a experiência do perdão. O tempo pascal é o grande convite para conquistar as alegrias desejadas pelo coração humano, na experiência de perdoar. O perdão é exercício insubstituível. Thiago de Mello, num trecho de seu poema "Memória da esperança", indica uma perspectiva e um ponto de partida: "Minha força vem da frágil flor ferida que se entreabre resgatada pelo orvalho da vida que já vivi".

Ética e poder

Eleições sempre definem perspectiva nova para o jogo de poder que preside organizações, instituições e mesmo as relações entre pessoas, independendo do âmbito, da intensidade ou das características. O poder é um elemento constitutivo dos horizontes que mobilizam as campanhas e buscas eleitorais nos diferentes contextos. Nessa perspectiva, há sempre o risco de ele não ser bem entendido, exercido ou cumprido – o que acarreta sérios comprometimentos para a vida social – devido ao funcionamento impreciso dos interesses, das subjetividades e à falta da clarividência indispensável ao exercício de qualquer poder. Essa clarividência, suporte à lucidez necessária na condução de processos, no encaminhamento de decisões e na escolha de prioridades, está relacionada com a competência e com o tipo de subjetividade que constitui a pessoa delegada ao exercício do poder. Por isso, o risco é permanente no que se refere à fidelidade ao poder conferido. Não basta a contagem dos números que conclui o ciclo eleitoral das vitórias, ou das corridas por elas. Nem mesmo basta a escritura documental dos programas. Quantas vezes ocorre o desconhecimento e o esquecimento daquilo que se assumiu como compromisso. A referência ética é, portanto, a condição para garantir o suporte aos que exercem o poder. Por essa referência podem eles conseguir viver a inquietude necessária da fidelidade aos compromissos assumidos; é dela que advém a coragem audaciosa para dar as respostas que têm obrigação de dar aqueles que tiveram a disponibilidade de receber a delegação do poder de um povo, para em seu nome exercer, a favor do seu bem, uma determinada missão. Conta, pois, como indispensável uma aprofundada compreensão ética do poder, tanto para aqueles que o exercem como para aqueles que o delegaram. Aos primeiros conta como balizamento de suas ações, aos últimos como exercício cidadão do acompanhamento do exercício de poder, revelando a contemporaneidade de uma sociedade e o sentido autêntico e indispensável da participação de cada um dos seus membros.

A ética ajuda no balizamento de duas perspectivas importantes que se articulam no âmbito do exercício do poder. Uma é aquela pontuada pela psicologia, que revela o desejo de poder que é próprio de toda pessoa, nos seus diferentes acentos e modalidades. Outra é emoldurada pelas considerações sociológicas, que analisa as relações sociais e nestas focaliza as formas de poder existentes e configuradas.

Poder deve ser entendido não apenas como o poder político. Na verdade, o poder é uma realidade relacional. Toda relação social tem a dimensão do poder. Bertrand Russel diz que o poder é constitutivo nas relações sociais como a energia o é nas ciências físicas. Essa asserção põe em evidência a complexidade das relações, em qualquer âmbito social, e a impossibilidade de pensá-las fora dos parâmetros do poder. Tal direção exige, portanto, uma compreensão do poder fora da chave negativa, que é forte em razão da questão crucial do seu exercício, à medida que tantos exercem o poder sem condições de garantir a sua qualidade e sem a devida e permanente preparação para sua atuação.

Quem é que não conhece histórias de autoritarismos, nepotismos, tráfico de influências, aproveitamento indevido e sórdido das estruturas de poder em benefício próprio ou dos seus? Não menos se conhece a história de violências, de sujeições e manipulações decorrentes de um mau exercício do poder que geram indignação. De fato, o mau exercício do poder gera as relações patológicas que deterioram os tecidos relacionais, prejudicam os destinatários dos benefícios e serviços, e ainda corrompem irremediavelmente a ordem justa, necessária para o funcionamento das dinâmicas nas sociedades e instituições.

O poder por si mesmo não se justifica. Há de se evidenciar sempre a referência ética do poder, que consiste essencialmente na questão de sua finalidade, suas metas e objetivos. A dignidade da pessoa humana e a qualidade de toda relação humana são os critérios básicos e indispensáveis para a qualificação de todo exercício de poder. Do contrário, metas como a eficácia e outras podem justificar astúcias, coações e até o uso de força, com suas consequentes manipulações. Como o poder é sempre referência ao outro, fundamental é o sentido de alteridade. Esse sentido indica e exige um senso profundo de justiça que cria a necessária sensibilidade para o sagrado respeito devido à dignidade de cada pessoa, condição para se fazer da sociedade o lugar da solidariedade e da fraternidade.

Ética e raízes

Ampla é a discussão e incomensurável a profundidade quando se trata de abordar as raízes da ética. Na verdade, variados são os sistemas que definem a ética e explicitam suas incontáveis perspectivas. Falar de ética não é apenas tecer considerações sobre seus diferentes valores. São muitas as questões e compreensões incluídas no processo que configura o discurso ético e sua prática, enquanto suporte a condutas na ordem social ou pessoal. De fato, o discurso ético é exigente e supõe um esforço para sua apropriação.

Quando, pois, se fala da necessidade de retomada da ética, para assegurar balizamentos adequados aos procedimentos da vida pessoal e da conduta pública, é necessário ter-se em mente a sua complexidade. Significa dizer, também, que o pensamento ético, seu discurso e sua linguagem sofrem influências determinantes do contexto cultural, com suas peculiaridades de juízo, assim como exige, de todo sujeito ético, um esforço disciplinar de apropriação, com a humildade de submeter-se às correções na assimilação de perspectivas novas e determinantes, abrindo possibilidades de reorientações da vida.

Nesse fluxo e refluxo da ética, sem deixar de considerar a sua condição de referência, variadas são as suas abordagens e as valorizações de suas dinâmicas. Sabe-se que, na antiga Grécia, por exemplo, a moral se definia por uma ética de bens. Nos tempos hodiernos, considera-se a ética como filosofia dos valores, para citar apenas dois exemplos. Uma ética de caráter empírico baseia-se na experiência. Na sua ocorrência, o processo ético proporciona a oportunidade de avaliação e observação dos feitos morais, tal como eles ocorrem na conduta das pessoas. A preocupação fundamental da ética, então, é mais de tipo descritivo, e não propriamente normativo. A perspectiva acentuada não é aquela de avaliar como as pessoas deveriam se comportar, mas tão somente de constatar como de fato atuam nos seus próprios contextos e circunstâncias.

O empenho no conhecimento sistêmico da ética é o procedimento necessário para um aprofundamento no sentido de sua significação e para a explicitação de suas raízes.

É preciso ter presentes, então, as diferentes perspectivas e influências éticas: o subjetivismo ético individualista ou o subjetivismo ético social, a ética formal, ética dos bens, aquelas empíricas ou racionais, bem como a ética do fim ou as éticas dos movimentos de conduta. Essas indicações reforçam a ideia de que há de se procurar permanentemente a configuração referencial que a ética tem em si mesma. Pode-se admitir que exista um possível invólucro da ordem cultural ou da compreensão social que atualiza a necessidade de empenhar-se em percursos profundos, de modo que as capas de revestimentos caiam e apareça a genuinidade dos valores.

Os conceitos fundamentais que explicitam a ética podem incluir como elemento de sua definição a compreensão da ética como a ciência do fim, ao qual se deve dirigir a conduta dos homens; ou ainda a definição que considera a ética como a ciência do impulso da conduta humana com o objetivo de obter nele a força que disciplinarmente determina a conduta. As raízes da ética mostram a sua consistência substantiva.

Essa complexidade sistêmica, que envolve a ética na sua condição referencial e de caráter universal, mostra que uma sociedade pode se desviar do rumo ou, simplesmente, não encontrá-lo, por não conseguir aproximar-se da fonte inspiradora, o que provoca o esvaziamento das consequentes reorientações de escolhas e juízos. O impacto advindo da impossibilidade de fazer as devidas ultrapassagens, para se chegar ao mais genuíno do sentido e da compreensão dos valores, atinge de modo fulminante a cada indivíduo. Assim, pode-se constatar que a não ação qualificativamente ética dos indivíduos não provém apenas de um ato de má-fé ou de gratuita incompetência. A incompetência existente nos indivíduos, com as consequências sobre a vida pessoal e da sociedade, explicita que não existe outra saída senão aquela de compreender-se a si próprio, cada um na sua condição existencial e vital, como peregrino de uma procura do que está para além das evidências e das possibilidades comuns. Ser ético e agir eticamente inclui a exigência primária do exercício de procura do valor que reorienta a vida e lhe garante a nova qualidade que só vem como consequência de ações geradas e sustentadas na dinâmica de autênticos valores. Conclui-se que o agir ético esperado de cada cidadão inclui, como ponto de partida, o esforço existencial e cotidiano de uma procura.

Ética e reforma

O mundo está mudando muito rapidamente. Os processos evolutivos das últimas décadas, em comparação com blocos de séculos do passado, impressionam em sua rapidez e em seu volume qualitativo. Se, por um lado, é mais confortável viver neste tempo, por outro, é extremamente desafiador. Há a exigência de acompanhamento dos processos de mudança. Ela supõe capacitação técnica e também a capacidade de se relacionar com as constantes mudanças. Não é fácil dar-se conta de tantas evoluções, menos ainda da avalanche de necessidades, que só podem ser absorvidas com novos métodos de funcionamento e articulação. Há que se ressaltar, porém, a capacidade humana de adaptar-se para o devido acompanhamento dos processos e para a elaboração lúcida dos rumos configurados no dia novo que chega, sempre com novas necessidades e demandas.

Essa rapidez nas mudanças evidencia, de forma inexorável, o envelhecimento de estruturas institucionais. Nenhuma fica incólume. Basta observar sua incapacidade de criar respostas novas para problemas antigos e novos. Aliás, o organizacional envelhece com mais rapidez.

Por vezes, ainda se insiste em práticas obsoletas, o que resulta completamente inócuo e pode levar à perda de credibilidade.

O mesmo desafio se apresenta para todas as instituições: a urgência de reencontrar a fonte do seu rejuvenescimento. Sempre há ideias novas a serem assimiladas. Hoje, fala-se em leveza no organizacional, visibilidade das configurações, multiplicidade nas respostas, e outras características consideradas fundamentais para se prosseguir eficazmente no terceiro milênio. Na verdade, uma fonte perene de rejuvenescimento para o institucional é a ética. Muitos de seus princípios têm força para libertar os mecanismos institucionais ultrapassados de seus emperramentos e ineficácias. São princípios importantes para tal processo, pois permitem localizar, diferentemente, necessidades urgentes a serem respondidas sem delongas e até mesmo mentalidades que geram modos cristalizados de compreensão, justificando submissões, escolhas convenientes e cegueira diante de mudanças em processamento.

O enrijecimento de mentalidades e a produção de convicções cristalizadas constituem uma crosta que impede a escolha de uma nova perspectiva na definição dos rumos a serem tomados. Há um jogo intricado no exercício dos poderes. A grande meta é alcançar a lucidez para redefinir posturas, prioridades, novos mecanismos de funcionamento. Essa meta é determinante na perspectiva do serviço que a instituição presta a grupos e à sociedade. A lucidez traz a relativização de opções, dá o comando de tudo ao sentido do servir, além de marcar as direções das inevitáveis e necessárias mudanças. Na verdade, no atual contexto de mudanças rápidas, é diário o desafio. Não é fácil acompanhar esse ritmo. Há o risco de encastelamentos e o apelo a justificativas insuficientes para encobrir as consequências sofridas pelos desatendidos, pelos excluídos dos processos e pela ineficácia de respostas concretas para a vida de todas as pessoas, mesmo quando existem funcionamentos eficientes. Vale mais a eficácia do que a simples eficiência. Os clamores precisam ser respondidos. A eficácia é uma exigência. No processo de elaboração da lucidez para o funcionamento institucional, pode-se evocar, entre outros princípios, tomando emprestado de contextos nos quais ele tem força de definição e identidade, o princípio da colegialidade. Esse princípio – embora se trate de nomenclatura nova para muitos contextos, incluindo a sua feição formal-etimológica, além daquela significante, a de maior peso –, põe, no cenário das necessárias reformas institucionais, a dinâmica da comunhão, que exige o diálogo permanente, a participação de todos, a clareza e a definição de papéis, para não comprometer a ação dos que contracenam. A colegialidade joga ainda com a força irrenunciável da transparência, da simplicidade, do desapego e com a imperiosa necessidade de sempre incluir outros mais, tudo isso sem perder o sentido hierárquico das funções. Do contrário, corre-se o risco de partidarismos, de favorecimentos indevidos e da formação de guetos, cujas janelas de visão são sempre muito estreitas para as necessidades de horizontes belos e largos, como respostas adequadas às demandas sociais, educacionais e religiosas de todos. Se há saídas com a evocação de princípios, tais como a colegialidade, guardado na fonte da ética, existe também o entrevero da guerra de mentalidades que carecem sempre de maior elasticidade e, sobretudo, da despretensão, que favorece o diálogo redentor.

Ética e responsabilidade

O relativismo é uma verdadeira praga na dinâmica da cultura moderna. Praga porque se faz presente em todo lugar, nas considerações das pessoas, no tratamento das diferentes situações da vida social. Praga porque desestrutura a articulação unitária do sentido da vida e do respeito a ela devido, em todas as circunstâncias. Praga por fazer valer tão simplesmente, por vezes, a comodidade de interessados e até mesmo os caprichos advindos de tiranias travestidas de resposta moderna ou de funcionamento objetivo, conforme as exigências dos tempos atuais – inscreve-se aqui a hegemonia do desejo e a terrível hegemonia do poder. Praga que compromete opções e negocia prioridades, com sérias consequências para a promoção da dignidade humana e a construção de uma sociedade justa, fraterna e solidária.

É complexa a explicação das causas do relativismo na dinâmica da cultura moderna. No rol das explicações pode-se inserir o comprometimento da chamada "fixidez de princípios", meta buscada com toda fidelidade por grandes e bons educadores. Essa fixidez nada tem a ver com rigidez. Na verdade, ela deve ser compreendida como consistência, uma condição insubstituível para que não ocorram travamentos e se responda, criativamente, sem riscos de perda da direção, às questões e às demandas hodiernas. Essa consistência advém dos valores éticos, princípios para os quais tudo e todos estão obrigados a tender, como se busca uma fonte para se matar a sede. Somente os valores éticos podem garantir a superação dos raciocínios mesquinhos que fertilizam os riscos de manipulações e da justificação de interesses.

No seio da sociedade, trava-se uma aguerrida batalha entre as dinâmicas do relativismo e da fixidez de princípios. A fixidez de princípios remete sempre a raízes éticas muito importantes, que têm força de definição no âmbito da vida social, cultural, política e religiosa. Ora, não se pode considerar com tranquilidade o funcionamento sociopolítico, econômico e religioso-cultural de uma sociedade quando os comportamentos humanos, as escolhas grupais ou as opções governamentais se deixam reger pelas dinâmicas do relativismo. Basta pensar os riscos que o relativismo traz quando se trata de dar espaço ao subjetivismo particular ou coletivo. Sem titubeios, privilegiam-se interesses que desconhecem as necessidades mais graves da sociedade, ferindo de modo mortal os mais fracos. Nasce uma tirania das escolhas e se instala, facilmente, a hegemonia da arbitrariedade, chegando-se rapidamente à configuração de situações perversas, cuja frieza anestesia as reações de protesto, cobrança e indignação, que devem tomar conta dos corações cidadãos. O quadro configurado pelo relativismo explicita a força que mina um dos remédios mais preciosos para a enfermidade da organização social e política da sociedade: a solidariedade. A solidariedade inclui uma dose grande de gratuidade, com o suporte sustentador do sentido da alteridade – "o outro é sempre mais importante" – no horizonte de compreensão. Ser solidário é compreender o sentido do outro.

O processo de correção e de enfrentamento da avalanche de consequências do relativismo presente na cultura moderna inclui a questão das responsabilidades embasadas por perspectivas éticas. Embora seja, de fato, algo de amplo alcance, verifica-se a partir das pequenas atitudes na conduta de cada pessoa, exigindo de todos a ação responsável e a lisura ética em tudo o que se faz, como gesto de respeito e apreço para quem se faz, por razões de gratuidade ou de atuação profissional. Isto significa que é importante e tem gravidade própria a ação responsável e ética daqueles que numa intervenção cirúrgica salvam vidas, assim como daqueles que preparam os alimentos; dos que decidem nas altas Cortes ou daqueles que cuidam de idosos e crianças. A ética deve embasar o relacionamento interpessoal, seja onde e com quem for, fazendo sempre valer a verdade. Complexo é o processo de enfrentamento do relativismo, simples, e à mão de todos, o seu começo, por incluir simplesmente a dignidade e a nobreza do agir na verdade e para o bem.

Ética e rito

É lamentável que o rito, de modo geral, esteja inserido numa compreensão que o faz sinônimo de alguns "ismos", capazes de esvaziar sua ampla e profunda significação. A ocorrência dos "ismos" faz perder muito na dinâmica de culturas e a necessária sustentação do horizonte de sentido imprescindível para o andamento de uma instituição ou de qualquer grupo humano. Não é rara, por isso mesmo, a contestação aos ritualismos que geram inócuos e entediantes formalismos em liturgias religiosas ou em cerimoniais, em diferentes âmbitos da sociedade. É fácil compreender que o ritualismo, em qualquer um desses âmbitos, é a engrenagem de funcionamento material de seus movimentos, gestos e posturas, escondendo uma significação mais profunda e interpelante que deve ter e estar presente em cada rito. Um rito, seja qual for a sua substancialidade, é a mediação de um algo mais que está para além dele mesmo e para além das pessoas que nele desempenham papéis.

Antes de qualquer aprofundamento – necessário para ir à mais genuína fonte ética, nascedouro alimentador do substantivo e essencial num rito –, vale observar e advertir para os riscos que a compreensão do rito pode ter a partir dos "ismos" ameaçadores que propugnam e alastram riscos outros, como os da iconoclastia, por exemplo.

A iconoclastia é um risco sempre presente. Na verdade, ela se justifica quando se trata da necessária superação do formalismo que pode se instaurar. Ora, o formalismo gera aridez no gosto pelo rito, posturas maquinais na vivência da dinâmica ritual, e até mesmo uma condição robótica para quem desempenha funções no andamento do próprio rito. Nesse caso, não se trata de uma quebra qualquer: é a contestação do que é dado como rito, lido até como uma imposição de quem tem poder ou domina os controles e as definições daquela configuração ritual. O "ismo" presente, exemplarmente, em qualquer formalismo ritual, resseca e impede a possibilidade de se obter da dinâmica do rito o que só ele pode trazer e é o seu único sentido: propiciar conquistas ou resgates sempre necessários para a vida de qualquer um.

Existem outros "ismos" merecedores de contestação e de revisão quanto a ritos. Vale também sublinhar os riscos nascidos das considerações reais a respeito dos "ismos", gerando, para além de iconoclastia, a arbitrariedade. Pode-se chegar a arbitrariedades tais que venham a patentear atos de autoritarismos em que o lugar contestado para o poder de definição ritual assumido, por exemplo, por uma instituição, secular ou bimilenar, fica usurpado por um único sujeito que tudo justifica "no si de si mesmo", com a inaceitável condição de se impor, antipaticamente, a outros que por si só define. Há de se considerar ainda, como vertente desse autoritarismo, a unilateralidade de uma consideração, com a consequente decisão de mudar o rito, passando por cima de significações que merecem melhor entendimento, na medida em que remetem a significações localizadas numa fonte ética, portanto de princípios, mais importantes até mesmo do que o próprio rito. Essa questão, complexa e de impostação filosófica, também teológica e não menos pastoral, parece ter pouco a ver com todas as pessoas, mas explica os atropelamentos e as confusões nos funcionamentos relacionais, desde aqueles de ordem familiar até os que podem dar a esperada consistência à sociedade, não deixando, por exemplo, que os fortes passem por cima dos fracos, ou que os poderosos explorem os menos favorecidos.

O rito, portanto, em qualquer circunscrição institucional, tem sua razão de ser, para além de sua configuração material. Há de se recordar o seu caráter de mediação de valores e de princípios éticos, gerando a ritualidade que não permite a perda do sentido hierárquico, e guarda, na devida proporção, as diferenças. Mais do que tudo, o rito – enquanto mediação da imprescindível ritualidade, entendida esta como estágio que se conquista para além da materialidade do próprio rito, com força de sustentação e propulsão – é a mecânica de veiculação do sentido. Ora, é o sentido que abre horizontes. O sentido verdadeiro é que cria as condições de avaliação e de abertura de novos processos, gerando as condições propícias às respostas novas. A escassez de sentido ou a falta adequada de sua veiculação esvazia processos, deixa as pessoas sem referência e a vida social sem norte, o que resulta em atos de delinquência.

A prudência e a veiculação do verdadeiro sentido recomendam a superação dos autoritarismos nascidos de iconoclastias temperamentais.

Ética e sentido hierárquico

O convívio social, nas suas mais diversas manifestações, está sempre enfrentando desafios. Não raro, observam-se descompassos e lacunas que descaracterizam sua essência. Pessoas, grupos e articulações são sempre atingidos. São muitas as causas de tais disfunções. Pode-se fazer um elenco enorme com os mais variados itens, apontando diferentes nuances. Não é tão fácil superar esse desafio, porquanto as questões de fundo pairam numa penumbra constituída pelas conveniências e pela típica consciência "possível", que não ultrapassa, por vezes, o nível médio requerido.

Um dos complicadores dos relacionamentos interpessoais, no contexto das instituições, é o sério comprometimento do sentido de hierarquia. Falar desse assunto é colocar o dedo na ferida muito séria da compreensão social e política, na atualidade. O sentido de hierarquia colide, muitas vezes, com a compreensão e a prática da autonomia, pessoal ou coletiva. A autonomia é importante e necessária, por exemplo, para o funcionamento colegiado, princípio fundamental nas modernas técnicas de gestão. Contudo, as autonomias têm princípios reguladores que evitam exorbitâncias ou autoritarismos nas tomadas de decisões. A questão é muito complexa. Em questão está também a subjetividade individual, capaz de criar obtusidades e situações embaraçosas. Aqui fica muito claro que o sentido hierárquico é um remédio com força balizadora.

Para além das situações ou das justificativas possíveis – constantemente advindas de perspectivas ideológicas marcadas por interesses nem sempre transparentes –, é importante investir na educação do sentido de hierarquia.

O sentido de hierarquia ultrapassa a simples possibilidade de justificativa das posições adquiridas ou dos procedimentos cuja manutenção venha a necessitar de revisões. Essa perspectiva é um reverso revelador de autoritarismos ou de desmandos perpetrados, sejam eles domésticos ou de amplitude nacional. No cerne dessa questão, encontra-se a explicação para os descompassos familiares revelados nas agressividades e na incapacidade de compreensão do papel de cada pessoa e da responsabilidade que lhe é inerente.

A importância terapêutica e salutar do sentido de hierarquia se torna mais compreensível quando se analisa o funcionamento institucional. O horizonte que tem força de definição do sentido hierárquico está nas metas a serem atingidas pela significação e alcance da identidade institucional. Nesse âmbito, e nessa perspectiva, é que se dá a compreensão dos diferentes papéis, as funções e as responsabilidades. Na verdade, o exercício de cada função ou de cada papel está proporcionalmente ligado ao sentido da identidade institucional e de suas metas. O sentido hierárquico organiza o trabalho de forma a relativizar as dimensões meramente pessoais. O trabalho é de novo a grande tônica, como ensina o Evangelho de Jesus Cristo, para educar o sentido hierárquico e fazê-lo valer incondicionalmente. Na dinâmica desse processo, nasce a riqueza do importante equilíbrio relacional, do respeito, da coerência e da imprescindível transparência. Por esse caminho, ocorre a superação dos descompassos nascidos de interesses escusos; não há o risco de deslocar competências ou de avocar para si aquilo que pertence à esfera institucional.

Jesus tem uma indicação muito interessante e rica em perspectivas terapêuticas para todos, já que todos se relacionam, o tempo todo, pessoal ou institucionalmente, o que requer um forte sentido hierárquico. Ele estava caminhando para Jerusalém, consciente de que o desafio da perseguição e da morte o esperava, porém o seu sentido hierárquico não o deixava fugir do desafio humanamente incompreensível. Aproveitou para ensinar aos seus discípulos um segredo de vida de importância fundamental. Esse ensinamento está contido em um dito que se refere ao trabalho que alguém realiza visando ao bem de outros, a seu serviço e em nome de finalidades que estão acima do próprio entendimento, do gosto pessoal e do seu próprio tempo. Ensinou, então, dizendo: "Quando tiveres feito tudo o que vos mandaram, dizei: 'Somos simples servos; fizemos o que devíamos fazer'" (Lc 17,10). Esse é o caminho mais indicado. Esse é o remédio para sanear dificuldades e rearticular as dinâmicas da fidelidade, razão de todo discipulado.

Ética e solidariedade

A evolução histórica e as viradas antropológicas dos últimos decênios mudaram radicalmente cenários culturais, mexeram com princípios, colocando-os no centro de discussões ferozes, e mobilizaram multidões na luta pelos direitos humanos e pelo compromisso com a justiça. Não perdeu o fôlego o empenho pelo estabelecimento de uma nova ordem social capaz de enfrentar as tiranias e as arbitrariedades que também se têm multiplicado no coração deste novo tempo. Este terceiro milênio, na sua primeira década, arrasta-se sob o peso de heranças sanguinárias, ideologias dominadoras e corporativismos insanos que deixam de fora, sempre mais, os mais pobres da Terra.

O cenário sociocultural e político-antropológico, tal como se apresenta, requer posturas de confronto e combate a novas hegemonias esmagadoras no âmbito social, no interior de instituições e no contexto global. Esse confronto tem sua maior e mais significativa expressão no acontecimento de mais uma edição do Fórum Social Mundial, em franca oposição ao Fórum Econômico Mundial. Dois lugares diversos, geograficamente distantes e culturalmente bem diferentes. Públicos e agentes com características polarmente opostas. Nas mesas de discussões, pautas que revelam interesses aparentemente comuns e dinâmicas distintas de abordagem e de compreensão. Entre outros aspectos que revelam as oposições diametrais, pode-se encontrar a possibilidade de um lugar comum de encontro e de entrelaçamento. Há uma única agenda que pode ser viável para as imprescindíveis confluências deste momento que está a exigir mudanças mais urgentes, com respostas mais ágeis para uma transformação mais consistente do tecido social. A solidariedade é a agenda que pode ter força para operacionalizar as confluências exigidas pela atualidade, mas no momento ela tem mais as características de uma escassa sintonia e de remota proximidade.

É impressionante como se perde, de modo elementar, o sentido da solidariedade. As pessoas, as instituições, os governantes, os povos, as sociedades. Aliás, não são apenas perdas que se constatam, mas também a lamentável inexistência de processos maciços de formação de um caráter solidário. Não se consegue levar em conta, de maneira simples e muito direta, aquilo que é constitutivo de cada pessoa, isto é, o sentido e a exigência das relações de solidariedade com os outros. Há uma verdadeira lacuna na constituição do sentido das relações sociais, tanto no nível pessoal como na ordem mundial.

Na verdade, está em jogo um sentido, uma direção e uma dinâmica da mais adequada consciência social, forte o suficiente para resguardar sentimento de solidariedade como força motora de compreensões capazes de expurgar os privilégios, grandes ou pequenos; expulsar as dinâmicas da desonestidade e não permitir a constituição doentia de regalias e desfrutes que comprometem ética e socialmente a sociedade e suas instituições.

Não importa a diferença de poder de decisão, não importa a força de imposição de normas de funcionamento, pelo poder financeiro. Um fórum, mais do que o outro, pode decidir rumos mais rapidamente incidentes sobre a vida do mundo no âmbito de sua agenda econômica. Ainda que isso aconteça, estará contrariando princípios que justificam ou abafam o descumprimento de compromissos assumidos com os mais pobres e com o estabelecimento de uma nova ordem social para a efetivação da paz – entre esses estão os projetos assumidos para a superação da fome, a erradicação da pobreza, a criação de infraestrutura adequada para os funcionamentos urbanos, que têm até datas marcadas.

O outro fórum, no entanto, sem a força do poder de decisão que vem dos endinheirados, e sem o mesmo tipo de influência, trabalha com o social como referência fundamental. Trata-se de uma referência que inclui a mais importante e contundente força ética. A força ética da compreensão social e da configuração da consciência social é que alimenta a esperança e garante as mudanças. Na verdade, é este o único percurso que pode gerar e manter o imprescindível sentido de solidariedade, a dinâmica que fará valer e realizar o sonho de "um outro mundo possível".

Ética e testemunho

O cenário mundial está marcado por inúmeros e gravíssimos desafios. Isso não é novidade alguma. A consciência desses desafios pode não tocar as pessoas – o imobilismo é um risco –, mas poderá mobilizar os corações na direção de mudanças radicais e pertinentes para o momento atual. Entre os desafios estão questões de muita gravidade. Não falta matéria para análises, escritos, discussões e promoção de grandes eventos, com força de mobilização da opinião pública e envolvimento de diferentes segmentos da sociedade. A sociedade contemporânea demonstra, com dados inequívocos, os seus pontos de fragmentação e as raízes de suas inconsistências. Por isso, o cenário mundial é uma verdadeira loucura de fatos, demonstrações inúmeras de arbitrariedade, além das nulidades que são assumidas na esfera da vida privada e da vida pública com a maior naturalidade.

Paira nesse cenário a ilusão de que alguma matemática por si tem força de operar as mudanças necessárias e esperadas. Mas as mudanças não serão causadas pelos números. Estatísticas vergonhosas provam a selvageria do tempo atual, embora seja este o tempo dos avanços mais espetaculares. Elas deveriam retratar os resultados de mudanças outras, necessárias e urgentes. Se tais mudanças não ocorrerem na história da humanidade, a vida de todos será lançada, cada vez mais aceleradamente, no fosso que o livro do Gênesis, ao narrar a criação do mundo, como obra amorosa de Deus, chama de *"tohhû vabborû"*. Isto é, a confusão do caos. O caos que se estabelece por mentira, engano, manipulações, convicções interesseiras, maldade, violência, ganância, indiferença para com os pobres, inércia em operacionalizar mudanças pela ótica da caridade. Já se pode assistir, em diferentes amplitudes, aqui e ali, ao estabelecimento desse caos. Não se trata, absolutamente, de uma constatação pessimista. Essa situação é real e precisa sensibilizar os cidadãos, na sua vida pessoal e social, para a necessidade de se assumir a postura adequada às devidas e urgentes correções no mundo de hoje.

A gravidade da hora atual pede um tratamento com assepsias mais contundentes. Há, pois, uma questão de fundo que, tomada em consideração, apontará a todos, nas diferentes circunstâncias e responsabilidades, novas direções e novas dinâmicas para as importantes e urgentes saídas deste "concerto social" – a sociedade atual, extremamente marcada, aliás, por desafinações lúgubres. Esse grande desafio é, na verdade, um terreno minado no qual a trajetória da humanidade transcorre neste momento. Trata-se do relativismo ético, que é, com sua peculiaridade própria, o mal maior que assola a humanidade, agravando, em demasia, a situação. Nada é tão grave neste momento como o relativismo ético presente em tudo.

Ele vai de encontro às importantes conquistas libertárias e à preciosidade das autonomias dos tempos atuais. A intervenção que se faz urgente não é na autonomia tão duramente conquistada. Autonomia que não pode perder consistência, abandonando valores imprescindíveis, como o reconhecimento da necessidade de transcendência na vida humana. Não se trata de cercear a liberdade. Permanece o desafio de não concebê-la como fonte de tiranias e arbitrariedades na determinação das escolhas – próprias ou alheias –, ou de bajulação àqueles que detêm o poder.

Há um remédio para a enfermidade grave causada pelo relativismo ético. Um remédio que está, em importância, para além de todas as outras necessárias e imprescindíveis providências. É o testemunho. O testemunho que se edifica na vida pessoal de cada um. Esse testemunho se compõe de muitos capítulos, gestos concretos e posturas reveladoras de princípios éticos em todos os momentos da vida. Inclui a coerência, a transparência e a sinceridade na compreensão da vida como dom recebido e como serviço oferecido aos outros. Parece pretensão pensar-se que alguém possa ter força suficiente para operar a mudança neste grave cenário da hora atual. Seria algo como uma gota de água no oceano ou um grão de areia na praia. Não importa. Essa é a única saída. Embora afogada no relativismo ético – que vai corroendo tudo, com sua força de validar impulsos, acomodar interesses, prometer e não cumprir, barganhar valores, cristalizar convicções perversas –, a humanidade se deixa seduzir pela luminosidade do testemunho. Reacende-se a esperança. Em meio aos entulhos da avalanche provocada pelo relativismo ético, hoje o mundo inteiro está testemunhando a força da luminosidade de um testemunho. Qual? Quem é?

Ética e universidade

Há quem considere a universidade como sendo de ninguém. Essa asserção é verdadeira. No cerne dessa consideração, está a evocação do válido princípio de que a Universidade é de todos e para todos. Essa é uma verdade e uma evidência. O que é de todos e para todos não pode ser "de ninguém" – expressão que, tendo em mente o seu reverso, revela a contestação ao sentido antipático de "ser dono" ou de transformar a academia em feudo.

Contestável também é a atitude de definir dinâmicas para a universidade de maneira que ela se torne veículo para o atendimento de finalidades questionáveis. Não é menos contestável o fato de pensar o seu funcionamento de modo a comprometer a sua identidade de excelência como academia, por procedimentos que operam em sentido inverso ao de sua finalidade e missão. Por isso, também, uma universidade não existe para dar lucros. O seu funcionamento não pode estar a serviço do favorecimento de nenhum tipo de monopólio. Não há diletantismo que justifique a sua existência. Nobre, muito nobre é a razão de sua existência. Enorme é o desafio para garantir a qualidade do seu funcionamento em todos os sentidos. O outro, dentro ou fora dela, é o sentido sagrado da existência de uma universidade. Sua nobreza é a nobreza do serviço prestado.

Por que, então, a universidade existe? Formação é a razão precípua da criação, existência e manutenção de uma universidade, mesmo ao preço de grandes sacrifícios, confrontos e até incompreensões. O que justifica permanecer nesse embate é o serviço de formação a ser prestado para garantir aos destinatários a possibilidade de uma participação efetiva e competente na construção da sociedade. Bem assim, oferecer a cada pessoa, dentro ou fora dos espaços da universidade, a oportunidade de construir a própria vida segundo os parâmetros de dom e de oferta. A universidade, portanto, é serviço. Serviço a cada pessoa, ao outro.

Pode-se, então, facilmente concluir que o sustento de uma universidade e o horizonte inspirador do seu caminho, tendo em vista o binômio "outro/serviço", é uma grande reserva ética. Essa reserva é que encoraja a sua criação e dá suporte às conquistas e aos avanços científicos tão necessários. Mas a reserva ética é intocável. Ela não está nem pode ser esquecida. A importância de sua riqueza e a sacralidade do seu sentido patrimonial exigem, de fundadores e mantenedores de uma universidade, a vigilância de sentinelas. Há uma condição, pois, de "guardião" da reserva ética. Pelo contrário, esse lugar é inalienável sob pena de sacrificar o caminho inspirador da universidade. É a reserva ética que não permite retrocessos, ao contrário, impulsiona fazendo avanços significativos, mantendo-se fiel a seus postulados. Ela tem o poder de balizar os interesses mercadológicos que, tantas vezes, se impõem sem piedade; dar consistência ao sentido de profissionalismo, não deixando perder o sentido social e político de tudo o que se faz. Tem, até mesmo, a capacidade de temperar o ideológico, não permitindo polarizações e extremismos que geram desvios na sua perspectiva fundamental: a prestação de serviço ao outro.

O "serviço ao outro" é o princípio fundamental que define a dinâmica da fé e da vivência cristã, todos sabem. A Igreja Católica compreendeu, desde logo, que o imperativo de prestar o "serviço ao outro" tinha no mundo da educação primícias de ofertas. Ela usou, por isso e para isso, sacristias, dependências paroquiais e conventuais; abriu mosteiros, destinou prédios de seminários, apostou suas forças, desde os primórdios do cristianismo, por fidelidade ao seu Mestre e Senhor, Jesus Cristo, criando escolas e universidades. Nesse serviço à humanidade, a Igreja Católica compreendeu a nobreza do gesto e a importância do compromisso social e político, ao mesmo tempo que, decididamente e sem medos, anuncia a salvação e põe-se a serviço do Reino.

A universidade, pontifícia e católica, é de todos, com o compromisso inalienável de dedicar-se, sistemática e criticamente, ao ensino, pesquisa e extensão. Esse compromisso inalienável é balizado por princípios que garantam, de forma institucional e permanente, a presença da mensagem de Cristo – luz dos povos, centro e fim da criação e da história. Por intermédio da universidade, a Igreja, na sua missão evangelizadora e no seu importante papel social, milita no mundo científico e cultural, fomenta o diálogo entre razão e fé, evangelho e cultura, e enfrenta os graves problemas e desafios atuais.

Pontifícia e católica, marcas identificadoras da criação da PUC Minas, fazem da Arquidiocese de Belo Horizonte, representada por seu Pastor de cada tempo, sua incontestável guardiã.

Ética e vida

A história da humanidade sempre foi marcada por crises. Essa não é uma afirmativa para focalizar dimensões negativas. A crise é sintoma da necessidade de abertura de um novo ciclo, com reconquistas, retomadas e assimilação de valores. Por isso ela instaura sempre um processo com estágios de desmontagem e montagem; um processo que atinge dinâmicas de culturas, hábitos, conceitos, valores e modos consolidados da vida comum. Por isso, toda crise traz algum desconforto, além de inevitáveis perdas temporárias de rumo. São passagens da vida extremamente confusas que nos apresentam desafios pungentes. Mas são também momentos plenos de possibilidades enriquecedoras e de riscos desmedidos.

O horizonte da sociedade contemporânea está marcado por muitos tipos de crise. Não é difícil listar o seu elenco. Cada pessoa pode contribuir na busca de soluções, tentando resolver os problemas mais corriqueiros do seu cotidiano. Ninguém desfruta o luxo de uma vida sem percalços e os desconfortos das crises. Por isso se diz que viver é uma arte, um verdadeiro aprendizado que exige empenho e a busca de novas compreensões.

Há uma crise de fundo, no entanto, que está sempre atingindo a cada um de nós e tem incidências concretas e sérias no andamento da sociedade. É a crise do sentido da vida, que se evidencia de maneira contundente nos dias atuais. Ora, fundamental é a importância do sentido da vida. O sentido da vida é o sustento existencial básico. Pode-se ter tudo, mas se faltar o sentido da vida, faltará a consistência fundamental que dá sustento à existência. É difícil, eu diria impossível, viver sem sentido. São variados e complexos os sintomas que revelam a gravidade dessa situação: a depressão, a desesperança, a incapacidade para vínculos duradouros, a manipulação, as incertezas a respeito de princípios fundamentais e muitos outros.

A questão do sentido da vida está, pois, subjacente e é determinante na compreensão das alarmantes estatísticas que revelam o rosto sofrido da humanidade. Assusta, por exemplo, saber que milhares de pessoas morrem no mundo, a cada minuto, de fome. É deprimente o quadro que mostra a loucura e morbidez da prostituição de menores. Não menos espantoso é saber que um governo sacrifica investimentos sociais para alimentar o bolso abarrotado de credores, mesmo quando o seu superávit primário é espetacular. Estarrece a aceitação, como sendo a coisa mais natural do mundo, das propostas de descriminalização do aborto, jogando com questões fundamentais como o direito do nascituro à vida, a dignidade da mulher e sua autonomia. A crise de sentido atinge o seu ápice quando pessoas, grupos e instituições são taxados, no seu contexto social, de obscurantistas e conservadoras, em razão da evocação de valores fundamentais para enriquecer o diálogo e clarear o verdadeiro sentido da vida. Não se pode fechar o diálogo.

É preciso articular debates importantes para uma justa compreensão. É muito arriscada a pretensão de restringir a discussão a poucos sob qualquer pretexto ou de valorizar determinadas informações em detrimento de outras.

Ora, o sentido da vida, na sua carência ou na sua plenitude, não é questão apenas da ordem da subjetividade, individual ou de determinado grupo. É verdade que o seu núcleo central reside na subjetividade: aí ele se configura e daí se irradia, com a força de sua qualidade ou de suas inconsistências. É precisamente a força dessa irradiação que configura as relações sociais e preside a escolha de prioridades em todos os campos da vida. A qualidade da vida pessoal e social depende, portanto, do sentido que a ela se dá. Não é só uma questão de mecanismo social.

Aqui se pode situar o risco da relativização da moralidade inerente a cada ato, um dos mais sérios riscos, quando se trata do sentido da vida. Por isso, não é rara a produção de discursos e argumentações que elegem um princípio fundamental em detrimento de outro. A moralidade supõe o respeito e a consideração devidos a princípios que não podem estar ao sabor de escolhas aleatórias, nem a serviço de interesses determinados. A discussão da prática do aborto, por exemplo, uma questão em torno do respeito e da defesa da vida, deve ser abordada à luz dessa premissa. Do contrário, é sério o risco de comprometimento do sentido da moralidade. Torna-se urgente a superação desse risco, por meio do diálogo claro e aberto, isento de manipulações e preconceitos. A bem da verdade, estamos falando da importância de um processo educativo básico na sociedade, que possa contar com a participação de todos os seus segmentos, particularmente a dos meios de comunicação social. Especial cuidado há de se ter com a questão da autonomia buscada pela subjetividade humana. Essa não pode deixar de aprender nem dispensar as exigências e desafios normativos necessários para a garantia de uma substancial e indispensável moralidade. Na direção oposta, só haverá espaço para os engessamentos estéreis e para as antipáticas imposições ideológicas. As razões e argumentos da ética precisam se tornar prioritários nesse processo educativo moral.

Ética, relacionamento e alteridade

O outro é a primeira e a grande referência na dinâmica do relacionamento. Há de se questionar a veracidade dessa afirmação. Sabe-se que o conceito que elege o outro como referência primeira não tem sua raiz no contexto das relações sociais, como se poderia pensar. Isto é, as relações sociais pensadas como estão na ordem vigente na sociedade contemporânea. As relações sociais tiram sustento e ganham consistência própria, através de um processo histórico de influência das relações que as antecederam. Tanto é verdade que as relações sociais têm pesos e qualidades diferentes. Inúmeras delas são responsáveis por quadros dramáticos, como a situação de tantas pessoas vivendo abaixo da linha de pobreza, com os quais a sociedade convive quase pacificamente. Se não houvesse pesos e qualidades diferentes, a sociedade não encontraria uma instância crítica e referencial que pudesse exigir correções significativas e necessárias para a superação de discriminações, de preconceitos e de perversas exclusões. Na verdade, esse é um momento que representa um passo adiante na caminhada que busca a essência do ser, quando cada um é um ser aberto para o outro. O eu próprio de cada pessoa só encontra possibilidade de desenvolvimento na proporção em que encontra o outro, a ele se abre e se inscreve na aventura desafiadora do vínculo. Por isso mesmo, não se justifica nem encontra fecundidade nenhum tipo de individualismo. A bem da verdade, o individualismo faz-se presente na nossa sociedade a ponto de se tornar uma terrível praga que assola os corações, deixando-os desolados; que mina as forças nascidas da solidariedade; e que dilapida a riqueza cultural construída na diversidade. A vida só ganha qualidade, em qualquer que seja a instância, desde o mais recôndito da vida familiar até as relações públicas de toda ordem, à medida que se tem como objetivo ser e viver para o outro. Viver é a arte de saber abrir-se ao outro, e ao outro proporcionar a condição de desenvolvimento necessária à conquista da vida.

Constata-se uma crise de relacionamento de grandes proporções tanto no plano pessoal quanto no plano institucional. A instituição familiar é um exemplo. Embora na sua concepção guarde o sentido fundamental de instância educativa no amor, pela força afetiva e emocional de suas referências, não raro nos é dado observar que essa convivência se transforma em um inferno, demonstrando a incompetência relacional dos atores envolvidos.

Os papéis bem exercitados são elementos essenciais e têm força de definição na qualificação do relacionamento. Aqui se encontra uma das fontes dos descompassos e da real impossibilidade de vinculação. É visível a incompetência de entendimento do que representa o outro, gerada pela não compreensão de si mesmo, o que estreita as configurações da atividade relacional devido ao engessamento de formas de pensar povoadas por miragens desastrosas e convicções cristalizadas. Não menos comprometida fica a escolha de prioridades e, particularmente, a capacitação indispensável para se colocar diante do outro como destinatário.

Há de se pensar que a qualidade da vida social está na proporção da qualidade da dinâmica relacional, tendo-se em mente a real necessidade de uma lúcida compreensão e intuição das raízes que propiciam o seu funcionamento eficaz. Torna-se claro que as dificuldades encontradas são reflexos inevitáveis, advindos da parca lucidez no processo de interligação entre a compreensão de si próprio e a compreensão do outro. Essa abordagem toca, embora pareça de caráter muito especulativo na sua descrição, as questões mais comuns da vida cotidiana, inclusive. Trata-se da dificuldade que as pessoas têm de amar, de cooperar, de abrir mão de cálculos, de agir com liberdade, de posicionar-se com transparência diante de barganhas que oferecem vantagens sem durabilidade e que obscurecem o que é mais sagrado para manter limpa a fonte da verdadeira felicidade: o amor ao próximo e o sentido da oferta de si para o bem dos outros e a alegria de construir uma sociedade justa e fraterna.

A capacidade de lidar com o outro, nos percursos em que a escuta, a partilha, a compreensão e a comunhão são metas, é o segredo de conquista da realização pessoal e, consequentemente, da promoção de relações sociais mais justas.

Ética, patriotismo e exclusão

Uma chaga e um remédio. Essa dicotomia diz respeito a várias realidades. Vale para o coração humano, nas suas dores e nos seus sonhos de mudanças e conquistas. Vale para a história da humanidade. Quantos calvários trouxeram consigo inúmeros redentores! Amolda-se também à sociedade contemporânea, com suas feridas e suas lutas por um tempo novo. Hoje, estampa-se a chaga vergonhosa da exclusão, que não acomete apenas a um grupo restrito da sociedade: atinge a todos e a cada um.

A busca para a sua cura deve ser empreendida de forma radical, sob pena de se incorrer no risco de fracasso total ou de percalços retardadores da consecução do objetivo terapêutico. As estratégias, por mais inteligentes que consigam ser, podem esbarrar, a certa altura, em condicionamentos de indivíduos ou de partidos que, por si só, respondem por boa parte dos atrasos das respostas esperadas e dos encaminhamentos prometidos.

A fonte dessa cura, lugar ao qual se volta permanentemente e que guarda os valores genuínos, orienta opções e dita prioridades no caminho que leva à descoberta da importância do outro. Essa fonte é a ética, possuidora de uma reserva simbólica que nenhuma inteligência substitui. Nenhuma estratégia consegue repor, com a mesma eficácia que ela, a capacidade de compreensão, o refinamento da sensibilidade e o aguçamento do sentido social, remédios indispensáveis para a cura dessa terrível e inquietante chaga, a exclusão.

Ao lado das estatísticas que alimentam o otimismo pela constatação do crescimento econômico – ou ao menos de sua retomada –, estão aquelas que escancaram o horror da crescente diferença entre ricos e pobres. Estas, ricas em perversidades, denunciam o trucidamento de indefesos, mostram que os pobres estão cada vez mais pobres e revelam também a frieza e a morosidade no atendimento às reivindicações sociais que visam minorar o sofrimento das populações carentes, ignorando a urgência daqueles que têm fome e precisam se alimentar, ou daqueles que precisam trabalhar e não encontram oportunidades para edificar com dignidade a vida, direito de todos, dom de Deus.

Não bastam os números, por mais promissores que eles sejam. De que vale uma nação rica com povo pobre? São números de realidades opostas que, observadas pelo crivo da qualidade, revelam a necessidade urgente de uma consistência mais fundada em valores éticos. A falta de um profundo e permanente sentido social presidindo as relações, a organização social e as escolhas pessoais e institucionais promove a incompetência na ação terapêutica dessa chaga social.

No entanto, podem-se ver sinais no horizonte cinzento da sociedade atual. Nele reaparece o ímpeto de patriotismo. Há pessoas empenhadas na busca de soluções para os problemas do país. O sintoma é revelador do percurso árido que a humanidade faz, até mesmo em nome de sua liberdade e autonomia. Torna-se necessário reencontrar a fonte. A necessidade ultrapassa o simples ufanismo gerado pela exaltação de números, a ingênua atribuição de méritos que conferem popularidade a pretensos responsáveis ou a simples aceitação do si mesmo como força de afirmação do que vige nas entrelinhas dos processos sociais e políticos.

Na verdade, o patriotismo é acionado, no mais íntimo de cada um, pela própria estruturação matricial que define em cada pessoa a demanda de uma reserva simbólica capaz de, na sua força real, reativar sentidos, alargar compreensões e alavancar gestos de alta sensibilidade social e política, reorientando rumos perdidos, recuperando gestos esquecidos e constituindo-se como pilar de sustentação de uma sociedade em busca permanente das terapêuticas necessárias às suas chagas. Assim, a exclusão social há de ser enfrentada com as estratégias governamentais e fecundada permanentemente por um profundo sentido social.

Os processos de recuperação para alavancar a recomposição do tecido simbólico das relações, do respeito devido e da sensibilidade encontram, nos balizamentos éticos, as referências insubstituíveis. Entre elas, estão a solidariedade e a partilha. Novas lógicas precisam passar a presidir as definições de prioridades e a busca de metas. Inscreve-se aqui a importância da responsabilidade social exigida da condição cidadã de todos e de cada um. Particularmente, torna-se cada vez maior a importância da responsabilidade ético-social daqueles que assumem, em qualquer instância da organização social, tarefas de coordenação. Assim, para além de qualquer ufanismo, permanece o desafio de recuperar o sentimento de patriotismo, que, na força educativa de sua própria reserva simbólica, é capaz de mobilizar a todos, de forma a superar urgentemente a exclusão social, que retrata as feições ultrapassadas e perversas do funcionamento da nossa sociedade.

Impresso na gráfica da
Pia Sociedade Filhas de São Paulo
Via Raposo Tavares, km 19,145
05577-300 - São Paulo, SP - Brasil - 2012